Psicomotricidade relacional e suas implicações na educação inclusiva

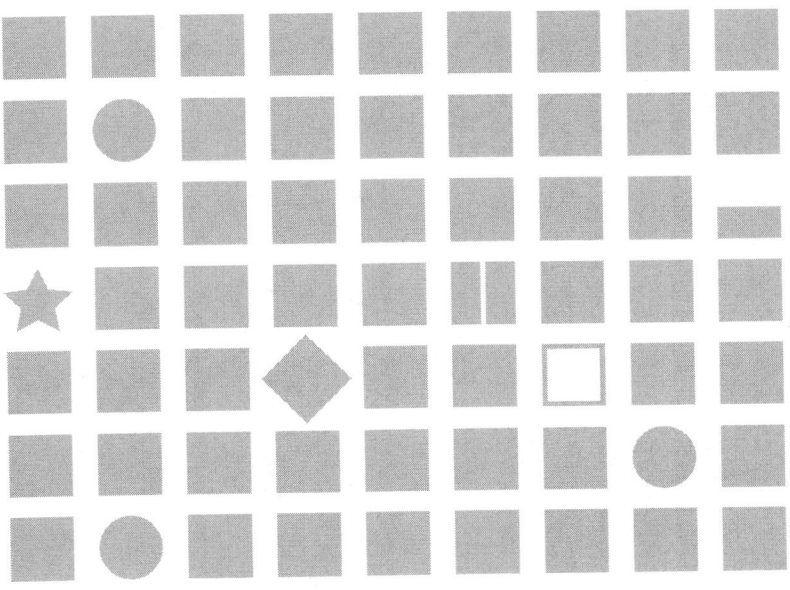

O selo DIALÓGICA da Editora InterSaberes faz referência às publicações que privilegiam uma linguagem na qual o autor dialoga com o leitor por meio de recursos textuais e visuais, o que torna o conteúdo muito mais dinâmico. São livros que criam um ambiente de interação com o leitor – seu universo cultural, social e de elaboração de conhecimentos –, possibilitando um real processo de interlocução para que a comunicação se efetive.

Psicomotricidade relacional e suas implicações na educação inclusiva

Célio Rodrigues Leite

EDITORA intersaberes

EDITORA intersaberes

Rua Clara Vendramin, 58 . Mossunguê . CEP 81200-170 . Curitiba . PR . Brasil
Fone: (41) 2106-4170 . www.intersaberes.com . editora@editoraintersaberes.com.br

Conselho editorial
Dr. Ivo José Both (presidente)
Drª Elena Godoy
Dr. Neri dos Santos
Dr. Ulf Gregor Baranow

Editora-chefe
Lindsay Azambuja

Supervisora editorial
Ariadne Nunes Wenger

Analista editorial
Ariel Martins

Preparação de originais
LEE Consultoria

Edição de texto
Palavra do Editor
Natasha Saboredo

Capa
Bruno Palma e Silva (*design*)
Ivonne Wierink/Shutterstock (imagem)

Projeto gráfico
Bruno Palma e Silva

Diagramação
Ensinar Digital

Equipe de design
Charles L. da Silva
Laís Galvão

Iconografia
Célia Regina Tartalia e Silva
Regina Claudia Cruz Prestes

Dados Internacionais de Catalogação na Publicação (CIP)
(Câmara Brasileira do Livro, SP, Brasil)

Leite, Célio Rodrigues
   Psicomotricidade relacional e suas implicações na educação inclusiva/ Célio Rodrigues Leite. Curitiba: InterSaberes, 2019. (Série Pressupostos da Educação Especial)

   Bibliografia.
   ISBN 978-85-5972-940-5

   1. Aprendizagem 2. Crianças – Desenvolvimento psicomotor 3. Educação 4. Educação inclusiva 5. Psicologia educacional 6. Psicomotricidade I. Título. II. Série.

18-22017   CDD-370.155

Índices para catálogo sistemático:
1. Psicomotricidade relacional e educação inclusiva: Psicologia educacional 370.155
Maria Alice Ferreira – Bibliotecária – CRB-8/7964

1ª edição, 2019.

Foi feito o depósito legal.

Informamos que é de inteira responsabilidade do autor a emissão de conceitos.

Nenhuma parte desta publicação poderá ser reproduzida por qualquer meio ou forma sem a prévia autorização da Editora InterSaberes.

A violação dos direitos autorais é crime estabelecido na Lei n. 9.610/1998 e punido pelo art. 184 do Código Penal.

Sumário

9   *Agradecimentos*
13 *Apresentação*
19 *Organização didático-pedagógica*

Capítulo 1
23 Pressupostos teóricos da psicomotricidade relacional
24 1.1 Psicomotricidade
26 1.2 Pilares da psicomotricidade
34 1.3 Psicomotricidade no Brasil
37 1.4 Linhas de atuação da psicomotricidade
48 1.5 Psicomotricidade na educação infantil

Capítulo 2
55 Psicomotricidade relacional
57 2.1 Psicomotricidade relacional e formação de crianças e adolescentes em classes inclusivas
58 2.2 Áreas de atuação do profissional psicomotricista
60 2.3 Psicomotricidade relacional como prática educativa, preventiva e terapêutica

Capítulo 3
65 Contribuições da psicomotricidade relacional na inclusão escolar
67 3.1 Psicomotricidade e desenvolvimento global
73 3.2 Psicomotricidade relacional e inclusão escolar

Capítulo 4
85 Psicomotricidade relacional na perspectiva de Wallon e Lapierre
86   4.1 Os estudos de Wallon e Lapierre
90   4.2 Psicomotricidade relacional como instrumento de aprendizagem
91   4.3 Método pedagógico da psicomotricidade relacional

Capítulo 5
97 Educação e reeducação psicomotora: prevenção e profilaxia
101   5.1 Psicomotricidade relacional na perspectiva da educação e da reeducação segundo um enfoque psicopedagógico
104   5.2 Educação psicomotora na prática pedagógica em classes inclusivas

Capítulo 6
109 Jogos e brincadeiras aplicadas à psicomotricidade relacional
110   6.1 Importância do brincar na perspectiva da psicomotricidade relacional
111   6.2 A brincadeira e o processo de ensino e aprendizagem de crianças e adolescentes em classes inclusivas

153 *Considerações finais*
155 *Referências*
163 *Bibliografia comentada*
165 *Respostas*
167 *Sobre o autor*

Dedico esta obra a Débora Seabra, primeira professora do Brasil com síndrome de Down, pelo que ela representa para a profissão docente em um país ainda excludente. Da infância à conclusão do curso de Formação de Docentes (antigo Magistério), Débora estudou em escolas regulares, o que a tornou uma defensora da inclusão de pessoas com síndrome de Down nessas instituições de ensino. Débora se tornou referência na luta pela inclusão e chegou a ganhar o Prêmio Darcy Ribeiro de Educação (2015), além de participar de grupos de teatro e lançar-se na literatura, com o livro intitulado *Débora conta histórias*. Mesmo com tantos atributos positivos, há quem ainda discrimine e não defenda uma sociedade verdadeiramente inclusiva. Atualmente, o Brasil conta com cerca de 300 mil cidadãos com síndrome de Down, no entanto, conforme a Federação Brasileira de Associações de Síndrome de Down, por ano, apenas 60 deles iniciam cursos profissionalizantes. A todas as "Déboras" espalhadas por este país, meu respeito e minha solidariedade.

Agradecimentos

Escrever exige muita leitura, pesquisa, concentração e, muitas vezes, reclusão, porém o conjunto da obra se concretiza por meio desses desafios, aliados às experiências adquiridas no convívio com as instituições e pessoas. Assim, gostaria de agradecer àqueles que me apoiaram para que eu chegasse até aqui e pudesse reunir conhecimentos para escrever este livro e atingir os objetivos inicialmente propostos. Para tanto, dirijo-me às pessoas que confiaram em meu trabalho, em especial à doutora Paula Mitsuyo Yamasaki Sakaguti. Agradeço à minha família: minha querida esposa Verinha, meu filho Daniel, minha filha Raquel e meu genro Guilherme, pelo apoio e compreensão em todos os caminhos que tenho percorrido, sobretudo nos momentos em que precisei estar ausente.

Agradeço também ao doutor Pablo Valdivieso Tocornal, da Universidade do Chile, meu orientador no mestrado em Ciências da Educação, e à doutora Lidia Natalia Dobrianskyj Weber, minha orientadora no doutorado em Educação, que me mostraram caminhos que eu não tinha ideia de que poderia seguir. Tantos anos de estudos e superação de desafios me permitiram seguir pesquisando, escrevendo e trabalhando como professor da educação básica, na escola pública brasileira, mesmo sem a valorização do profissional do magistério, que tanto almejamos e merecemos. Agradeço aos abnegados professores da educação infantil, do ensino fundamental e do ensino médio, que recebem os alunos indistintamente, sem discriminá-los por qualquer motivo que seja, por suas dificuldades ou limitações, o que faz a diferença no que diz respeito a uma escola inclusiva.

Por fim, agradeço a todos os leitores desta obra, críticos por natureza, que certamente poderão contribuir para sua permanente atualização. Todo registro teórico tem suas limitações e sua construção não finda com a primeira escrita, mas o fato de ser socializado publicamente possibilita um crescimento que, de outra forma, seria inatingível.

O movimento é a única expressão e o primeiro instrumento do psiquismo.
(Wallon, 1979, p. 33)

Apresentação

*A psicomotricidade é um caminho,
é o desejo de fazer, de querer fazer;
o saber fazer e o poder fazer.*
(Oliveira, 2001, p. 34)

Esta obra destina-se aos profissionais da educação e demais interessados que se propõem a desenvolver suas atividades na educação de crianças e adolescentes em uma perspectiva inclusiva, com um olhar voltado para as relações intrapessoais e interpessoais. Aqueles que se interessam por essa temática poderão usufruir desta obra para refletir sobre as inquietações e os desafios concernentes à educação no século XXI e ao cuidado com o corpo e a mente das pessoas.

Esperamos que os capítulos aqui reunidos sejam instigantes, servindo como um convite à leitura e ao aprofundamento dos estudos sobre o tema. Propomos uma reflexão sobre diversas questões que fazem do trabalho docente um desafio a ser vencido todos os dias, tendo em vista uma escola participativa e inclusiva sob todos os aspectos. Obviamente os temas não se esgotam, nem seria essa a intencionalidade, e também não são tratados com toda a profundidade que merecem – o objetivo é oferecer um ponto de partida.

O livro foi organizado em seis capítulos, considerando-se os aspectos relevantes para a educação no que se refere à psicomotricidade relacional e suas implicações na educação inclusiva. Nosso propósito é mostrar como essa ciência pode contribuir para uma escola que possa receber todas as crianças e adolescentes, estando preparada para superar as dificuldades impostas.

No primeiro capítulo, enfocamos os pressupostos teóricos da psicomotricidade relacional, procurando apresentar um breve histórico da psicomotricidade, seus pilares – movimento, intelecto e afeto –, a psicomotricidade no Brasil, as linhas de atuação da psicomotricidade e, finalmente, a importância da psicomotricidade na educação infantil, primeira etapa da educação básica e considerada fundamental para o processo de ensino e aprendizagem.

No segundo capítulo, abordamos a psicomotricidade relacional e as áreas de atuação profissional. Destacamos estudos sobre a importância da psicomotricidade relacional para a formação integral das crianças e dos adolescentes, identificamos as áreas de atuação do profissional psicomotricista[1] e mostramos que a psicomotricidade relacional deve ser percebida como uma prática educativa, de valor preventivo e terapêutico, que permite a crianças, jovens e mesmo adultos expressar os conflitos relacionais adquiridos na infância.

No terceiro capítulo, examinamos os subsídios da psicomotricidade relacional na inclusão escolar, com o propósito de apresentar as contribuições dessa ciência para uma escola inclusiva, destacar a psicomotricidade como instrumento de inclusão escolar – de todas as crianças e jovens, sobretudo daquelas com necessidades educacionais especiais (NEE) –,

---

[1] Segundo a Associação Brasileira de Psicomotricidade, psicomotricista é o especialista no campo da educação, dos desportos ou da medicina que estuda a psicomotricidade, investigando as relações e as influências recíprocas e sistêmicas entre o psiquismo e a motricidade (Silva, 2014).

explorar a psicomotricidade relacional como estratégia pedagógica para práticas educativas inclusivas e descrever algumas pesquisas referentes a contribuições da psicomotricidade relacional para a inclusão escolar.

No quarto capítulo, por sua vez, tratamos da psicomotricidade relacional na perspectiva de Henri Wallon, teórico que iniciou os estudos sobre a temática, e de André Lapierre, seu seguidor. Buscamos apresentar a psicomotricidade como ferramenta de aprendizagem, tomando como base o entendimento de Wallon de que a psicomotricidade parte da emoção, um ponto fundamental do desenvolvimento humano, e explorando sua aplicabilidade. Como mencionamos, outro teórico abordado no capítulo é Lapierre, criador do método pedagógico da psicomotricidade relacional, na década de 1970. Em todo o seu percurso profissional, Lapierre sempre reforçou a relação entre afetividade e corpo, tendo como maior preocupação as atividades motoras sob todos os aspectos.

No quinto capítulo, propomos uma reflexão sobre a educação e a reeducação psicomotora, na perspectiva da prevenção e da profilaxia. Analisamos dois assuntos considerados fundamentais para a compreensão do tema: a psicomotricidade relacional na perspectiva da educação e da reeducação segundo um enfoque psicopedagógico e a educação psicomotora na prática pedagógica em classes inclusivas.

Finalizamos com o sexto capítulo, que apresenta jogos e brincadeiras aplicadas à psicomotricidade relacional, instigando a compreensão acerca da importância do brincar para a psicomotricidade relacional e identificando jogos e brincadeiras bastante comuns na cultura popular brasileira que podem contribuir para o processo de ensino e aprendizagem de crianças e adolescentes em classes inclusivas.

Pensar em uma escola inclusiva para todos é um grande desafio que não pode esperar. A inclusão de alunos com necessidades educacionais especiais nas denominadas *escolas regulares* impõe novos encaminhamentos aos sistemas de ensino. É preciso que haja, por um lado, a reorganização da oferta educacional com a integração dos contextos regular e especial de educação (fato que já deveria estar superado há bastante tempo) e, por outro, a ressignificação das políticas de formação inicial e continuada dos profissionais da educação, possibilitando que tenham condições plenas de atender com qualidade a todos os alunos (inclusive aqueles oriundos da educação especial) nas salas de aula regulares.

Diante desse desafio, esta obra oferece a oportunidade de reflexão e aprofundamento no que se refere às questões pedagógicas relacionadas à escola inclusiva de fato, propiciando a compreensão acerca da importância de conhecer e aplicar práticas educativas que fazem a diferença na aprendizagem dos alunos. Ao longo de toda a obra, buscamos apresentar uma perspectiva positiva da psicomotricidade relacional como ferramenta pedagógica à disposição dos profissionais da educação, destacando as possibilidades de colocá-la em prática em sala de aula, de forma simples e prazerosa, de modo a beneficiar aquele que é a razão da escola: o aluno.

Esperamos que o conjunto de conhecimentos aqui apresentados e sistematizados contribua para essa compreensão, oferecendo subsídios para outros estudos teóricos e práticos a fim de contribuir para a superação efetiva do modelo de escola excludente e marginalizador que, de certa forma, ainda está presente em nossa sociedade. O fato de os alunos com necessidades educacionais especiais estarem matriculados na escola dita *regular* não basta.

Boa leitura!

Organização didático-pedagógica

Esta seção tem a finalidade de apresentar os recursos de aprendizagem utilizados no decorrer da obra, de modo a evidenciar os aspectos didático-pedagógicos que nortearam o planejamento do material e como o aluno/leitor pode tirar o melhor proveito dos conteúdos para seu aprendizado.

Introdução do capítulo

Logo na abertura do capítulo, você é informado a respeito dos conteúdos que nele serão abordados, bem como dos objetivos que o autor pretende alcançar.

Síntese

Você conta, nesta seção, com um recurso que o instigará a fazer uma reflexão sobre os conteúdos estudados, de modo a contribuir para que as conclusões a que você chegou sejam reafirmadas ou redefinidas.

Atividades de autoavaliação

Com estas questões objetivas, você tem a oportunidade de verificar o grau de assimilação dos conceitos examinados, motivando-se a progredir em seus estudos e a se preparar para outras atividades avaliativas.

Atividades de aprendizagem

Aqui você dispõe de questões cujo objetivo é levá-lo a analisar criticamente determinado assunto e aproximar conhecimentos teóricos e práticos.

Bibliografia comentada

Nesta seção, você encontra comentários acerca de algumas obras de referência para o estudo dos temas examinados.

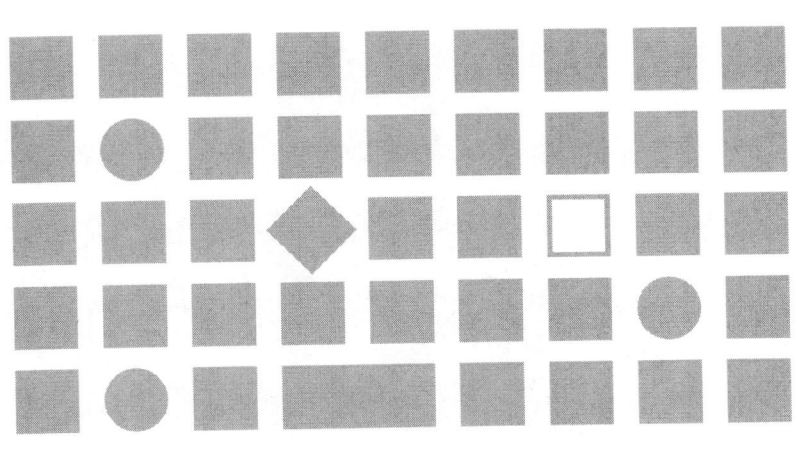

Capítulo 1
Pressupostos teóricos da psicomotricidade relacional

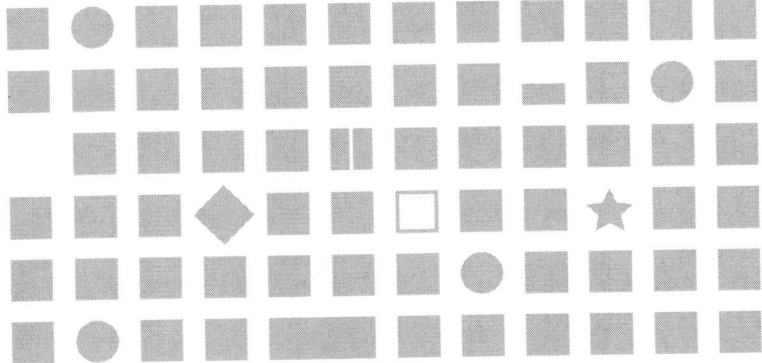

Neste capítulo, apresentaremos os pressupostos teóricos relativos à psicomotricidade relacional e suas implicações na educação. Examinaremos, de forma breve e sucinta, o que a pesquisa científica atual informa sobre o assunto. O principal objetivo é situar o leitor quanto ao teor dos principais debates teóricos sobre a psicomotricidade e a psicomotricidade relacional na atualidade, bem como sobre a relação entre esse campo de estudo e a prática dos profissionais da educação no ambiente escolar.

1.1 Psicomotricidade

A palavra *psicomotricidade* vem do substantivo grego *psyché*, que significa "alma", e do verbo latino *moto*, que significa "mover frequentemente", "agitar fortemente" (Abbagnano, 1998). A história da psicomotricidade está intimamente relacionada à história do estudo do corpo humano e da busca pela compreensão de como se processam as emoções, as sensações e a relação entre corpo e alma.

Segundo Le Boulch (1983, p. 129),

> A psicomotricidade pode ser definida como o campo transdisciplinar que estuda e investiga as relações e as influências recíprocas e sistemáticas entre o psiquismo e a motricidade. Baseada numa visão holística do ser humano, a psicomotricidade encara de forma integrada as funções cognitivas, socioemocionais, simbólicas, psicolinguísticas e motoras, promovendo a capacidade de ser e agir num contexto psicossocial.

De acordo com Ortiz (2011), no decorrer da história da humanidade, o conceito de corpo passou por diversas transformações, com a evolução constante da ciência, as mudanças culturais, sociais, de crenças e mitos.

Com base em seus estudos clínicos, em 1907, o neurologista francês Ernest Dupré (1862-1921) definiu a síndrome da debilidade motora, caracterizada por sincinesias (movimentos involuntários que acompanham uma ação), paratomias (incapacidade para relaxar voluntariamente uma musculatura) e inabilidades, sem que lhe fossem atribuídos danos ou lesões extrapiramidais. Dupré rompeu com os pressupostos da correspondência biunívoca entre as perturbações motoras da infância e sua localização neurológica, formulando a noção de psicomotricidade segundo uma linha filosófica neurológica, com destaque para as relações psicomotoras, ou seja, a associação entre o desenvolvimento da psicomotricidade, da inteligência e da afetividade (Levin, 2003).

Henri Wallon (1879-1962), médico, psicólogo e pedagogo francês, pode ter sido o pioneiro da psicomotricidade identificada no campo científico. Segundo Fonseca (1988, p. 99), ele examinou o desenvolvimento neurológico do recém-nascido e a evolução psicomotora da criança. Afirmava que "o movimento é a única expressão e o primeiro instrumento do psiquismo" (Wallon, citado por Fonseca, 1988, p. 101). Ainda de acordo com Wallon, o movimento (ação), o pensamento e a linguagem seriam unidades inseparáveis. Em suas palavras, "o movimento é o pensamento em ato, e o pensamento é o movimento sem ato" (Wallon, citado por Oliveira, 2001, p. 33). Esse assunto será retomado no capítulo referente à psicomotricidade relacional na perspectiva de Wallon.

Conforme a Associação Brasileira de Psicomotricidade (ABP, 2018a),

> Historicamente o termo "psicomotricidade" aparece a partir do discurso médico, mais precisamente neurológico, quando foi necessário, no início do século XIX, nomear as zonas do córtex cerebral situadas mais além das regiões motoras.
>
> Com o desenvolvimento e as descobertas da neurofisiologia, começa a constatar-se que há diferentes disfunções graves sem que o cérebro esteja lesionado ou sem que a lesão esteja claramente localizada.

Portanto, a psicomotricidade se relaciona com a concepção de movimento organizado e integrado, de acordo com as experiências vividas pelo sujeito, considerando-se sua individualidade, linguagem e socialização. A psicomotricidade se efetiva a partir do amadurecimento, sustentada em três pilares: o movimento, o intelecto e o afeto.

1.2 Pilares da psicomotricidade

No percurso desta obra, o **movimento**, o **intelecto** e o **afeto** serão tratados de forma complementar, integradora e indissociável, pois são considerados os pilares da psicomotricidade. Um não substitui o outro; os três se complementam, o que resulta em harmonia e satisfação pessoal.

1.2.1 Movimento

Segundo Rego (2013) o estudo do corpo na infância se justifica pela necessidade de a criança conhecer as funções de seu corpo por meio da observação, estabelecendo relações de movimento e descobrindo sentimentos, emoções e experiências. Nessa fase, é importante criar hábitos e atitudes integradas ao corpo, possibilitando à criança construir sua personalidade e a identidade.

De acordo com Nunes (2007), o estudo do corpo humano atravessou séculos e mantém-se como uma das mais importantes discussões envolvendo as atividades corporais, a consciência do próprio corpo e de suas mobilizações; associado à educação, esse estudo favorece a obtenção do controle e do domínio dos movimentos mais complexos. Nesse sentido, toda e qualquer atividade motora concorre para o desenvolvimento intelectual, social e moral da criança permitindo-lhe compreender melhor o mundo a sua volta.

Figura 1.1 – Crianças em movimento

Os movimentos corporais devem ser valorizados pelos professores sobretudo na educação infantil e nos anos iniciais do ensino fundamental (em classes regulares inclusivas ou não). É preciso levar em conta que toda e qualquer atividade contribui para o desenvolvimento intelectual, social e moral dos alunos.

O papel do professor é incentivar as crianças a descobrir o próprio corpo por meio das muitas linguagens que possibilitam expressões próprias e significativas, propiciando a integração entre corpo e mente.

A relação entre o trabalho desenvolvido pelo professor e a aprendizagem dos alunos supõe a existência do desejo de aprender por parte destes. Segundo Perrenoud (2000, p. 64), o professor deve "envolver os alunos em sua aprendizagem e em seu trabalho", estabelecendo relação com eles. Estabelecida essa relação e o sentido do trabalho escolar, o aluno desenvolve, não importando a modalidade, etapa ou nível de ensino, a capacidade de autoavaliação.

Além disso, o professor deve proporcionar aos seus alunos espaços educativos nos quais possa negociar com eles as regras de convívio, permitindo aos membros do grupo criar um sentimento de pertencimento e oferecendo atividades diversificadas individuais e coletivas, de modo a favorecer a definição de um projeto pessoal do aluno.

Para Wallon (1975), a ligação entre a maturação e a experiência neuromotora passa por diferentes estados. Ainda segundo o teórico, os atos praticados pelas pessoas são simples descargas de reflexos, o que ele denomina de *estado de impulsividade*. As primeiras emoções, definidas como *estados emotivos*, aparecem no tônus muscular e são reconhecidas pela agitação que produzem, evidenciando a interação da criança com o meio; a coordenação mútua de percepções diversas (apreensão e desenvolvimento simbólico da aprendizagem) é chamada de *estado sensitivo-motor*; e a mobilidade intencional dirigida para o objeto (na escola, a aprendizagem) associa-se à necessidade do uso de gestos para exteriorizar o ato mental (inteligência prática e simbólica), o que corresponde ao denominado *estado projetivo*.

O intelecto, segundo pilar da psicomotricidade, será abordado a seguir.

1.2.2 Intelecto

Segundo Aucouturier (2004), a psicomotricidade pode ser vista como um aspecto transversal que contribui para o desenvolvimento de uma personalidade equilibrada. Relaciona-se com várias áreas de intervenção, tais como prevenção, educação e terapia, e permite que as crianças, durante seu desenvolvimento motor, neurológico e cognitivo, possam experimentar diferentes situações educacionais por meio da autodescoberta, provocando progressos significativos em sua expressão psicomotora e seu desenvolvimento da criatividade e da autoestima.

Como já destacamos, o termo grego *psyché* significa "alma" ou "atividade mental". Assim, *psicomotor* se refere à atividade psicológica considerando-se os níveis cognitivo, afetivo e motor – o qual diz respeito ao movimento. Remete-se, portanto, ao processo em que a criança, por meio do movimento, evolui física, psicológica e socialmente.

Assim, o intelecto como um dos pilares da psicomotricidade envolve a compreensão do quanto a pessoa conhece, em oposição àquilo que sente e deseja; trata-se do entendimento, da faculdade de pensar e adquirir conhecimento partindo de uma baixa complexidade e chegando à alta complexidade mental.

A inteligência envolve a lógica, a abstração, a memorização, a compreensão, o autoconhecimento, a comunicação, o aprendizado, o controle emocional, o planejamento e a resolução de problemas. A psicologia define a inteligência humana segundo enfoques distintos, sendo a psicometria[1] a metodologia mais usada, mais conhecida e mais pesquisada mundialmente.

Para a Associação Brasileira de Psicomotricidade (ABP, 2018): "Baseada numa visão holística do ser humano, a psicomotricidade encara de forma integrada as funções cognitivas, socioemocionais, simbólicas, psicolinguísticas e motoras, promovendo a capacidade de ser e agir num contexto psicossocial." O intelecto, portanto, é um dos propulsores desse processo.

---

[1] A psicometria é o ramo da psicologia que se ocupa da medição dos processos psíquicos. Para isso desenvolve estudos que permitem atribuir um número aos resultados obtidos, possibilitando comparar as características psicológicas de diferentes pessoas e de forma objetiva. Por meio da psicometria, é dado um valor a um atributo psíquico de um indivíduo, gerando resultados avaliativos. Esse número permite ao especialista realizar comparações objetivas com outros resultados e mesmo com os valores médios estabelecidos. São estudos realizados no âmbito laboral (Pasquali, 2017, p 25-28).

Figura 1.2 – Crianças em atividade escolar

A seguir, abordaremos o afeto, terceiro pilar da psicomotricidade.

1.2.3 Afeto

Segundo Diniz (2017) a palavra *afeto* deriva do termo latino *affectus* ou *adfectus*. O conceito, usado principalmente na filosofia por Spinoza, Deleuze e Guattari, designa um estado da alma, um sentimento. Da palavra *afeto* derivam os termos *afetividade* e *afetivo*, muito empregados na psicologia para designar a capacidade do indivíduo de experimentar o conjunto de fenômenos afetivos, a saber: tendências, emoções, paixões, sentimentos. A afetividade consiste na força exercida por esses fenômenos no caráter de uma pessoa. Ao longo deste capítulo, as palavras *afeto* e *afetividade* serão tratadas de forma complementar, considerando-se os princípios teóricos da filosofia e da psicologia.

O afeto é um componente fundamental em qualquer relação humana e deve estar presente em todas as fases da vida do indivíduo. Ne educação, a relação entre professor e aluno baseada no afeto, sem a banalização desse sentimento, faz diferença na vida do educando e é determinante no processo de ensino e aprendizagem.

Na escola, a afetividade é tema comum, presente em boa parte dos conteúdos abordados nas formações pedagógicas dos professores. É estudada com base nas teorias de autores como Lev Vygotsky (1896-1934), Wallon e Jean Piaget (1896-1980), considerando-se a psicanálise e a abordagem cultural e pressupondo-se que as dimensões da cognição, da afetividade, da razão e da emoção são indissociáveis no funcionamento psíquico do ser humano.

O vínculo afetivo que se forma entre professor e aluno é fundamental para o processo de aprendizagem; a construção de uma relação de qualidade com os alunos desafia professores e pedagogos na mesma medida em que aponta caminhos para o enriquecimento dos processos educativos em sala de aula. Essa abordagem afetiva, que considera os alunos de forma integral, levando em conta os aspectos emocionais, motores, culturais e sociais, está presente na prática dos profissionais que trabalham na educação infantil e nos anos iniciais do ensino fundamental e tem sido muito empregada em classes inclusivas e na educação especial de forma mais ampla. Infelizmente, não ocorre na mesma proporção em classes mais avançadas, nos anos finais do ensino fundamental e no ensino médio, em que se adota a ideia do aprender associado à aquisição de conhecimento de modo técnico, objetivo e racional (educação pós-iluminista).

As pesquisas empíricas realizadas mundialmente têm apontado que essas relações vêm ganhando novas formas, sobretudo a partir do início deste século. Considerando-se configurações familiares bastante heterogêneas, pais ausentes por diversos motivos e o tempo que as crianças e os adolescentes estão passando na escola, a carência afetiva é cada vez maior. É muito comum que os pais deixem seus filhos pequenos na creche (crianças de 0 a 3 anos) logo pela manhã, por volta das 7 horas, e retornem no fim da tarde, geralmente depois das 18 horas, o que se repete também na pré-escola (crianças de 4 a 5 anos). Geralmente, essas crianças chegam em casa cansadas, em razão do ritmo de atividades desenvolvidas no decorrer do dia; mal tomam banho, se alimentam e já dormem. Isso quando a higiene e a alimentação não acontecem na própria escola, fato que contribui para o distanciamento dos pais e familiares. Essa carência afetiva é percebida na escola.

Nas escolas que atendem as crianças mais velhas e os adolescentes, o quadro se complica mais ainda, não necessariamente pala carga horária. Além dos fatores expostos anteriormente, ainda estão presentes outros problemas, como a violência, a indisciplina, a desmotivação e o aparecimento de dificuldades de aprendizagem, que também podem ter origem na falta desses vínculos, primeiramente com os pais e familiares e posteriormente com os professores. Este é o primeiro desafio para que a escola deixe de ser meramente racional e se torne mais afetiva e inclusiva.

1.3 Psicomotricidade no Brasil

O estudo sobre a psicomotricidade surgiu da medicina, mais precisamente da neurologia, área em que, no início do século XIX, se buscou nomear as zonas do córtex cerebral, situadas além das regiões motoras. Como destacamos anteriormente, por meio das descobertas da neurofisiologia, foi constatada a possibilidade de diferentes disfunções graves sem que o cérebro estivesse lesionado ou que a lesão estivesse claramente localizada: os distúrbios da atividade gestual e práxica[2] (ABP, 2018a). As funções práxicas dependem do controle das áreas superiores do córtex encefálico – área motora primária, área suplementar e córtex pré-motor –, responsável por integrar as funções mentais e motoras para a concretização da elaboração gestual com os movimentos adquiridos no aprendizado.

É interessante destacar que há diferença entre os conceitos de *prática* e *práxis*. Segundo Leite (2008), *prática* é um conceito com vários usos e significados, mas basicamente é o oposto de *teoria*, apesar de também lhe ser complementar. É a ação que se desenrola com a aplicação de certos conhecimentos. *Práxis*, por sua vez, refere-se a uma etapa necessária na construção de conhecimento válido que se forma mediante a interação de sistemas culturais, históricos e sociais bastante complexos.

Durante seu desenvolvimento, por meio do processo de aprendizagem, a criança vai adquirindo a linguagem e paralelamente vai aprendendo a conhecer seu próprio corpo e como se relacionar com o ambiente em que vive. Assim,

---

[2] Do grego *práxis*, refere-se ao conceito de ação, àquilo que se ordena para a ação (Zoboli, 2009).

vai construindo seu aprendizado. Normalmente, primeiro aprende seu nome, depois o nome de um espaço físico que é frequentado diariamente (por exemplo, o sofá da sala); somente quando esse aprendizado está estruturado é que a criança aprende a subir no sofá.

Conforme Levin (2003), a necessidade médica de explicar esses fenômenos clínicos possibilitou definir pela primeira vez o termo *psicomotricidade*, em 1870. Como já mencionamos, em 1909, Dupré definiu a síndrome da debilidade motora[3], considerando as relações entre o corpo e a inteligência, o que foi tomado como o início dos estudos dos transtornos psicomotores. Em 1925, Wallon começou a relacionar psicomotricidade e emoção, o que chamou de *diálogo tônico-emocional*, descartando o dualismo cartesiano que separava o corpo do desenvolvimento intelectual e emocional do indivíduo.

Em 1948, o psiquiatra Julian Ajuriaguerra (1911-1993) redefiniu o conceito de *debilidade motora*, considerando-o uma síndrome com particularidades próprias e identificando claramente os transtornos psicomotores que oscilam entre o neurológico e o psiquiátrico. Ainda se destacam com estudos nessa área: Aleksander Luria, André Lapierre, Bernard Aucouturier, Jean Bergès, Jean Le Boulch, Jean Claude Coste, Pierre Vayer, Vítor Fonseca.

---

[3] A síndrome da debilidade motora é a dificuldade motora que afeta diversas áreas da mobilidade da pessoa. Entre os tipos dessa síndrome, destacam-se a paratonia, caracterizada pela contração involuntária, em que o indivíduo não consegue relaxar o músculo, que permanece em rigidez, o que é chamado de *hipertonia*, a intensificação anormal do tônus muscular no momento da ação; e a sincinesia, caracterizada por movimentos indesejados dos membros em que o membro oposto é movimentado, como no caso de o indivíduo desejar movimentar o braço esquerdo e o movimento ocorrer com o braço direito (Coelho, 2011).

Tomando como base a escola francesa, a psicomotricidade passou a ser objeto de estudo no Brasil sobretudo nas primeiras décadas do século XX, justamente no momento histórico da Primeira Guerra Mundial, quando as mulheres efetivamente começaram a fazer parte do trabalho formal e as crianças pequenas passaram a ficar em creches. Segundo o Instituto Superior de Psicomotricidade e Educação – Grupo de Atividades Especializadas (ISPE-GAE, 2018),

> No Brasil, Antonio Branco Lefévre buscou junto às obras de Ajuriaguerra e Ozeretski, influenciado por sua formação em Paris, a organização da primeira escala de avaliação neuro-motora para crianças brasileiras.
>
> Dra. Helena Antipoff, assistente de Claparéde, em Genebra, no Institut Jean-Jacques Rosseau e auxiliar de Binet e Simon em Paris, da escola experimental "La Maison de Paris", trouxe ao Brasil sua experiência em deficiência mental, baseada na Pedagogia do interesse, derivada do conhecimento do sujeito sobre si mesmo, como via de conquista social.
>
> [...]
>
> Em 1972, a argentina, Dra. Dalila de Costallat, estagiária do Dr. Ajuriaguerra e da Dra. Soubiran em Paris, é convidada a falar em Brasília às autoridades do Ministério da Educação, sobre seus trabalhos em deficiência mental e inicia contatos e trocas permanentes com a Dra. Antipoff no Brasil.

Atualmente, a psicomotricidade está presente em clínicas de reabilitação, consultórios, hospitais, maternidades, escolas especiais, associações, cooperativas, áreas públicas e demais locais que envolvam o desenvolvimento da motricidade e da psicomotricidade espalhados por todo o Brasil. No entanto, a regulamentação da profissão de psicomotricista (PL 795/2003), de proposição do Deputado Leonardo Picciani, tramita na Câmara dos Deputados, em Brasília, desde 2003 e ainda não foi transformada em lei. Apesar disso, os estudos sobre a psicomotricidade e a psicomotricidade relacional estão bem avançados no Brasil, contando com instituições sólidas e estudiosos conhecidos mundialmente.

1.4 Linhas de atuação da psicomotricidade

A psicomotricidade se divide nas seguintes linhas de atuação: educativa, reeducativa, terapêutica e relacional. Inicialmente, a psicomotricidade restringia-se apenas ao desenvolvimento motor; depois, passou a estudar a relação entre o desenvolvimento motor e o desenvolvimento intelectual da criança; atualmente, estuda a lateralidade, a estruturação espacial, a orientação temporal e suas relações com o desenvolvimento intelectual da criança.

1.4.1 Psicomotricidade educativa

A psicomotricidade educativa ou psicocinética[4] é um método pedagógico, muito importante no meio educativo, empregado sobretudo nas primeiras etapas de desenvolvimento do

---

[4] O termo *psicocinese* refere-se à produção de movimento em objetos físicos pelo exercício de poder mental ou psíquico. Em física, a energia cinética é a quantidade de trabalho que teve de ser realizado sobre um objeto para tirá-lo do repouso e colocá-lo em movimento (Frug, 2001).

ser humano. O método da psicocinética proposto por Jean Le Boulch (1924-2001) como ciência do movimento humano é aplicável tanto na educação de crianças como na fisioterapia, partindo da hipótese de que o movimento é fundamental para o desenvolvimento das pessoas.

Segundo Le Boulch (1998), o método contribui para o desenvolvimento da tomada de consciência sobre o próprio corpo e as adaptações posturais durante a aprendizagem, inclusive nas demais fases do desenvolvimento humano. Na faixa etária que vai de 0 aos 12 anos aproximadamente, a psicomotricidade educativa compreende-se como uma educação psicomotora legítima.

O objetivo do método é favorecer principalmente o desenvolvimento, possibilitando que a criança se torne uma pessoa centrada e responsável diante do mundo por meio do conhecimento e da aceitação de si mesma, da autonomia efetiva e da compreensão de sua responsabilidade no âmbito da vida social, contribuindo para o melhor ajuste do próprio comportamento. De certa forma, a psicomotricidade educativa, baseada no método psicocinético, é uma pedagogia ativa, segundo a qual aprender é, antes de qualquer coisa, um hábito que deve ser constante, dotado de iniciativa, plasticidade, espontaneidade, facilitando a adaptação da criança a qualquer ambiente físico a que pertença.

É importante ressaltar que, para alcançar um desenvolvimento significativo de capacidades com vista à sua aplicação em comportamentos, inclusive na idade adulta, é necessário abordar a pessoa como um todo; o trabalho escolar experimentado pela criança jamais pode passar pela coerção, que impede o desenvolvimento de habilidades autenticamente integradas pela personalidade (Leite, 2016).

Na escola, especialmente na educação infantil e nos anos iniciais do ensino fundamental, o processo educativo pode se beneficiar da psicomotricidade educativa, possibilitando uma verdadeira educação psicomotora, qualificando a ação educativa de forma global e integral. O objetivo da psicomotricidade educativa ou psicocinética é justamente beneficiar o desenvolvimento condicional do ser humano, formando um indivíduo capaz de situar-se e atuar em um mundo que está em constante transformação. Isso possibilitará à criança conhecer e compreender a si mesma, ajustar sua conduta ao meio físico em que vive e adquirir autonomia e responsabilidades ao longo de sua vida social, como pode ser observado na Figura 1.3.

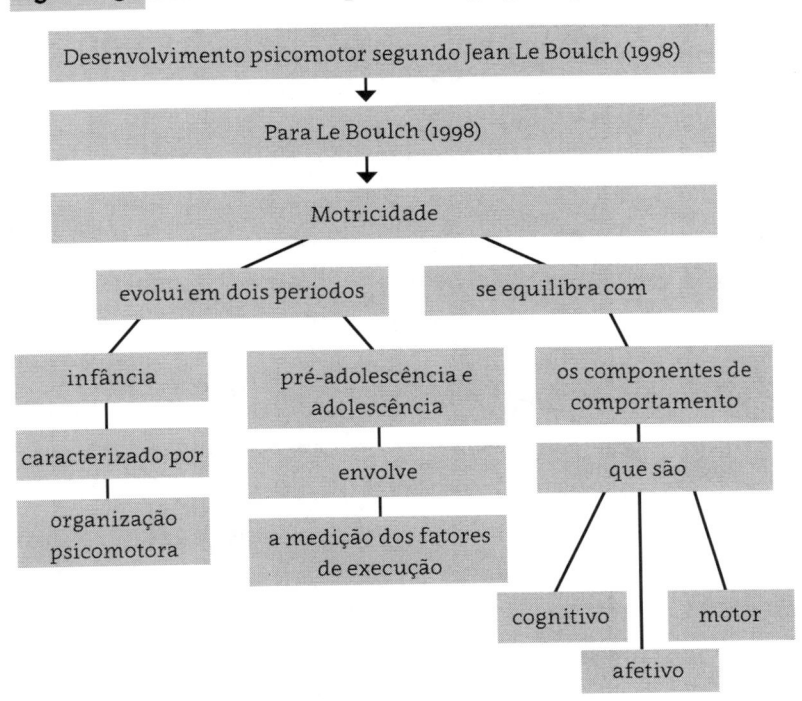

Figura 1.3 – **Desenvolvimento psicomotor proposto por Le Boulch (1998)**

```
Desenvolvimento psicomotor segundo Jean Le Boulch (1998)
                         ↓
              Para Le Boulch (1998)
                         ↓
                   Motricidade
            ┌────────────┴────────────┐
     evolui em dois períodos      se equilibra com
      ┌──────┴──────┐                   │
  infância    pré-adolescência e   os componentes de
      │        adolescência          comportamento
caracterizado por     │                   │
      │             envolve             que são
 organização          │           ┌───────┼───────┐
 psicomotora   a medição dos    cognitivo      motor
                fatores de          │
                 execução         afetivo
```

Fonte: Elaborado com base em Le Boulch, 1998.

A psicomotricidade educativa é vital para todo o processo de desenvolvimento da pessoa para além do aspecto físico, envolvendo também o cognitivo, o social e o afetivo. Particularmente, aprender a falar, ler e escrever requer alta capacidade de coordenação fina, daí a importância de possibilitar um vasto repertório de vivências motoras às crianças desde a tenra idade, passando por todas as fases da infância, chegando à adolescência e à fase adulta.

1.4.2 Psicomotricidade reeducativa

Reforçando o pensamento de que o ser humano é um complexo de emoções e ações, que ocorrem por meio do contato físico nas atividades psicomotoras, favorecendo o desenvolvimento afetivo entre as pessoas, a psicomotricidade reeducativa propõe destacar a relação existente entre a motricidade, a mente e a afetividade e facilitar a aprendizagem da criança, por meio de técnica apropriada, abrangendo indivíduos desde a infância até a idade adulta em caráter profilático e terapêutico.

Para que a aprendizagem ocorra, faz-se necessária a existência de uma atividade cerebral resultante de complexas operações neurofisiológicas e neuropsicológicas, combinadas e organizadas, integrando estímulos e respostas, assimilação e acomodação. Portanto, aprender algo significa passar por um processo de mudança de comportamento e adaptar-se a esse novo conhecimento, o que acontece por meio das experiências vivenciadas e estimuladas pelos fatores emocionais, neurológicos, relacionais e ambientais. Se isso não ocorre, não há aprendizagem.

A aprendizagem resulta de quatro componentes cognitivos considerados fundamentais, apresentados na Figura 1.4.

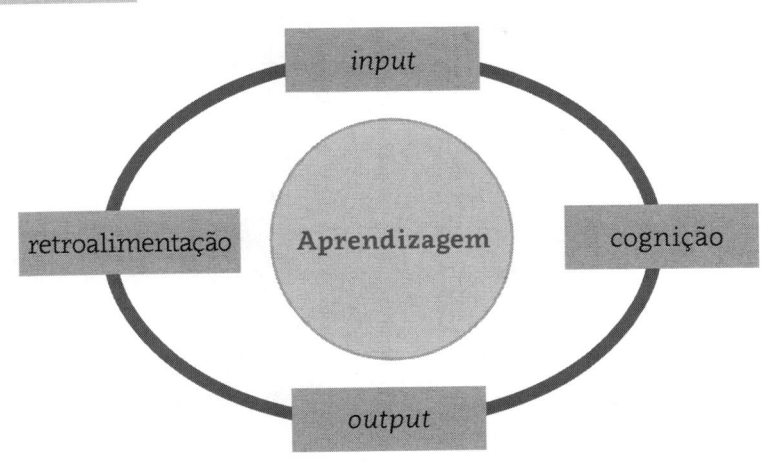

Figura 1.4 – Efetivação do processo de aprendizagem

```
              input
   retroalimentação   Aprendizagem   cognição
             output
```

O processo de aprendizagem se inicia pelo *input* (expressão da língua inglesa que se traduz como *entrada*), quando a informação chega ao cérebro do indivíduo por meio dos sentidos visual, auditivo, olfativo, gustativo e tátil. Tem início, então, a cognição (processo ou faculdade de adquirir um conhecimento), que envolve atenção, memória, integração, processamento simultâneo e sequencial, compreensão, planificação e autorregulação. Qualquer interrupção do recebimento da informação pode resultar em não aprendizagem.

A seguir, vem o *output* (expressão da língua inglesa que se refere aos dados resultantes de um processo, traduzida como *saída*), que se configura nas ações praticadas pelo indivíduo, tais como falar, desenhar, ler, escrever, contar ou resolver problemas. Finalmente, a retroalimentação (ou realimentação, do termo em inglês *feedback*) refere-se à reação a um estímulo, obtido a partir da mensagem recebida, possibilitando ao indivíduo repetir, organizar ou controlar o processo.

Quando a criança apresenta falha, distúrbio ou desordem em um ou mais componentes anteriormente citados, ela pode ter dificuldades na aprendizagem. A psicomotricidade reeducativa pode contribuir para a superação dessas dificuldades, trabalhando os seguintes fatores, segundo Oliveira (2012):

- **Noções do corpo**: atividades que permitam o conhecimento do próprio corpo e das outras pessoas e o desenvolvimento de noções espaciais de si mesmo e dos outros, interiorização da imagem corporal, coordenação, caligrafia, leitura harmoniosa, gestual, ritmo de leitura de palavras e frases, imitação, entre outras.
- **Lateralidade**: atividades que possibilitem à criança identificar a dominância lateral, reconhecendo direita e esquerda, bem como desenvolver ordenação espacial, direção gráfica, ordem das letras e dos números, discriminação visual, estruturação espaço-temporal, noções espaciais e temporais, estruturação rítmica, percepção visual e auditiva, identificação de ruídos e sons, identificação e combinação de letras e números.
- **Tonicidade**: processo reeducativo que estimule todo o sistema e permita o suporte da postura, regule e module a ação, possibilite a organização das estruturas neurológicas (medulares corticais e subcorticais), considerando-se que a tonicidade é indispensável para qualquer atividade mental.
- **Praxia global**: atividades que envolvam todo o corpo e segmentos corporais, de forma globalizada e consciente;

o resultado da recepção de muitas informações sensoriais, táteis, cinestésicas[5] e visuais, para exemplificar, é a unidade funcional e a informação do córtex motor, integrando os fatores psicomotores.

- **Praxia fina**: atividades que trabalhem os movimentos precisos das mãos e dos dedos, possibilitando a agilidade e a precisão dos movimentos finos e a programação de ações concretas, à medida que as informações tátil-perceptivas vão se ajustando às informações visuais; a função praxia fina é considerada a unidade motora mais complexa do mundo animal, pois esse segmento ocupa dois quartos do córtex, auxiliando no trabalho ordenado dos pequenos músculos; envolve as atividades manual e digital, ocular, labial e lingual.

- **Equilibração**: sentido que permite a permanência em equilíbrio e cujo centro nervoso é o cerebelo, que reage às mensagens do ouvido interno; envolve atividades que exercitam a capacidade de manter-se sobre uma base reduzida de sustentação do corpo mediante uma combinação adequada de ações musculares, em movimento ou mesmo parado. A equilibração depende essencialmente do sistema labiríntico e do sistema plantar.

Considerando-se o campo educacional, a aprendizagem da leitura e da escrita, as relações existentes entre essas habilidades e o aumento do potencial psicomotor da criança permitem

---

5 Termo que se refere à capacidade de interagir com o mundo preferencialmente através do corpo, mobilizando os sentidos. Howard Gardner, um psicólogo americano, definiu sete inteligências: linguística, lógico-matemática, visual-espacial, corporal-cinestésica, musical, interpessoal e intrapessoal (Coelho, 2011).

o desenvolvimento de condições favoráveis às demais aprendizagens escolares. No que se refere à aprendizagem da escrita, trata-se de um processo perceptivo-motor, pois os sinais devem ser transcritos para o papel, seguindo-se uma norma padrão, com limites de tempo e espaço.

1.4.3 Psicomotricidade terapêutica

Segundo o Centro de Desenvolvimento e Aprendizagem (SEI, 2018), sediado em Portugal, referência no tratamento das perturbações do desenvolvimento e da aprendizagem, em que se trabalham de forma multidisciplinar dificuldades de aprendizagem como dislexia[6], disortografia[7], disgrafia[8] e discalculia[9], bem como dificuldades de atenção, hiperatividade e outros desafios do desenvolvimento humano, "a terapia psicomotora envolve mediação corporal, expressiva e lúdica, que pretende harmonizar e maximizar o potencial motor, cognitivo e afetivo-relacional, isto é, o desenvolvimento global da personalidade".

---

[6] Perturbação na aprendizagem da leitura pela dificuldade no reconhecimento da correspondência entre símbolos gráficos e fonemas, bem como na transformação de signos escritos em signos verbais (Zucoloto, 2001).

[7] Dificuldade no aprendizado e no desenvolvimento da habilidade da linguagem escrita expressiva (Schirmer; Fontoura; Nunes, 2004).

[8] Dificuldade em coordenar os músculos da mão e do braço que ocorre em crianças consideradas normais do ponto de vista intelectual e que não sofrem de deficiências neurológicas severas. Essa dificuldade impede de controlar e dirigir o lápis ou a caneta para escrever de forma legível e ordenada (Ferronatto, 2006).

[9] Dificuldade ao calcular, definida como uma desordem neurológica específica que afeta a habilidade de compreender e manipular números (Silva, 2009).

A psicomotricidade terapêutica pode auxiliar crianças com dificuldades de aprendizagem, assim como pessoas de qualquer idade com dificuldades psicomotoras, pessoas em situação de reabilitação, com pouca habilidade de coordenação, orientação, equilíbrio, controle motor fino, lateralidade, entre outros. Funciona como reeducação de estruturas consideradas fundamentais para que o indivíduo possa desenvolver a aquisição de novas aprendizagens.

A intervenção terapêutica inicia-se com um diagnóstico com informações sobre o indivíduo (criança ou adulto) e seu desenvolvimento psicomotor, permitindo adequar o tratamento às necessidades de cada pessoa. Com base nessas informações, é possível, por meio de técnicas próprias – como consciencialização do esquema/imagem corporal, consciencialização tônico-emocional, relaxamento, reeducação gnoso-práxica[10], organização planificada da ação, educação comportamental e atividades expressivas –, construir experiências que permitam ao indivíduo desenvolver capacidades de desempenho motor e psicológico por meio de atividades voltadas para a identificação de capacidades individuais que promovam o desenvolvimento de competências acadêmicas, sociais, cognitivas, psicoemocionais e comportamentais.

1.4.4 Psicomotricidade relacional

A psicomotricidade relacional é um método de abordagem de grupo que tem por objetivo desenvolver no indivíduo sua

---

[10] Promoção da estruturação temporal, da organização e da planificação de tarefas (Borges, 2015).

integralidade, com foco nas experiências corporais afetivas; trata-se de uma prática educativa, de valor preventivo e terapêutico. A teoria foi criada na década de 1970 pelo francês André Lapierre, considerando-se o jogo espontâneo ou atividade lúdica, por meio dos quais o psicomotricista relacional auxilia as pessoas, sobretudo as crianças, na expressão de suas necessidades e vontades. A proposta parte do princípio de que a criança se utiliza do corpo como principal meio de interação e comunicação com as demais pessoas e o mundo que a cercam.

> Eu tenho confiança na criança. Não quero destruir sistematicamente sua estrutura, não quero lhe dar outra. Somente quero ajudá-la a descobrir a sua, aquela que lhe permitirá se desembaraçar ao máximo de dependências e de conflitos neuróticos, de valorizar suas potencialidades, neste difícil equilíbrio entre a afirmação pessoal e o respeito aos outros. (Lapierre; Lapierre 2002, p. 134)

A proposição de André Lapierre e Anne Lapierre reside no fato de que a criança, por meio do lúdico, consegue revelar, naturalmente, o que se passa em seu mundo interior, mesmo sem se expressar verbalmente. Ela demonstra seus desejos, necessidades e dificuldades, de forma simples e natural, optando por atividades que elas mais gostam de fazer, sobretudo brincar.

Na escola, quando a criança apresenta condutas de agressividade, inibição, hipercinesia[11], muita agitação, dependência,

---

[11] "1. Movimentos involuntários que surgem em certas doenças do sistema nervoso central. 2. Atividade muscular aumentada. 3. Movimento excessivo do corpo ou de qualquer parte do corpo" (Hipercinesia, 2003-2018).

falta de limites, transtorno obsessivo compulsivo (TOC)[12], medo, transtorno do déficit de atenção com hiperatividade (TDAH)[13], frustração, autoestima baixa, entre outros, que certamente comprometerão seu aprendizado, a psicomotricidade relacional pode contribuir para o ajuste positivo em relação a esses distúrbios comportamentais, sociais e cognitivos. Atividades propostas com base na aplicação do método da psicomotricidade relacional permitem que a criança supere seus medos e aprenda a trabalhar com suas dificuldades de expressão motora, verbal ou gráfica, melhorando sua autoestima e tornando-se menos frustrada. Com um conhecimento básico por parte de professores e pedagogos, o método pode ser um instrumento a ser usado em escolas, clínicas e organizações que atendem crianças, tornando-se uma ferramenta útil no processo de ensino e aprendizagem, com foco na afetividade.

Como já destacamos, o principal objetivo desta obra é descrever a psicomotricidade relacional e suas implicações na

[12] O transtorno obsessivo-compulsivo é um distúrbio psiquiátrico que se caracteriza pela relação entre as obsessões e as compulsões. As obsessões são definidas como pensamentos e/ou imagens invasivos, involuntários, intrusivos e persistentes que provocam ansiedade. Como forma de suprimir esses pensamentos desagradáveis, que causam angústia e tensão, o indivíduo recorre às compulsões, que são comportamentos repetitivos que tentam eliminar as obsessões e, assim, conferir alívio à ansiedade (Sousa, 2017).

[13] Transtorno neurológico que surge na infância, geralmente como fator genético, e, em muitos casos, acompanha o indivíduo em sua vida adulta. As principais características ou sintomas são a desatenção, a hiperatividade e a impulsividade, resultando na dificuldade de relacionamento com a família e com outras crianças e professores no ambiente escolar. Ainda na escola, os portadores do TDAH são descritos como inquietos, agitados e desobedientes, comportamentos que geram dificuldades de aprendizagem provocadas pela falta de concentração (Argollo, 2003).

educação inclusiva, por se tratar de um método bastante promissor que está à disposição dos profissionais da educação, a ser usado em todos os ambientes educativos, principalmente nas classes inclusivas.

1.5 Psicomotricidade na educação infantil

Conforme já mencionamos, a psicomotricidade é uma ação pedagógica e psicológica que faz uso dos princípios da educação física (atividade motora) com a intenção de mudar ou melhorar o comportamento do indivíduo – neste caso, da criança de 0 a 5 anos aproximadamente. Ou seja, refere-se ao estudo do indivíduo por meio de seu movimento e sua interação social.

Na educação infantil, primeira etapa da educação básica, a criança busca experiências com seu próprio corpo, formando conceitos e organizando o esquema corporal. Em meio a tantas mudanças que ocorrem nessa fase da vida, a psicomotricidade contribui para que a criança obtenha conhecimento de seu corpo, do espaço e de como interagir com o meio em que vive. A abordagem da psicomotricidade pode contribuir para que a criança tome consciência de seu corpo e das possibilidades de se expressar por meio dele.

É indispensável que a escola possibilite atividades que envolvam lateralidade, organização e noção espacial, esquema corporal e estruturação espacial, permitindo à criança elaborar seus movimentos e tudo o que se refere ao que está ao seu redor. Os jogos e brincadeiras sugeridos no último capítulo deste livro atendem a essa proposta.

O movimento humano é construído em função de um objetivo. Para tanto, é necessário que a criança passe por diversas etapas em seu desenvolvimento, estabelecendo uma base sólida e indispensável em sua formação, tendo em vista seu desenvolvimento motor, afetivo e psicológico de forma integral.

A recreação dirigida na educação infantil desenvolve na criança o controle mental de sua expressão motora, proporcionando a aprendizagem inclusive nas etapas seguintes de seu desenvolvimento, além da conservação da saúde física, mental e do equilíbrio socioafetivo. Segundo Barreto (2000, p. 5), "o desenvolvimento psicomotor é de suma importância na prevenção de problemas da aprendizagem e na reeducação do tônus, da postura, da lateralidade e do ritmo".

São exemplos de brincadeiras que envolvem a psicomotricidade: engatinhar, rolar, balançar, dar cambalhotas, equilibrar-se em um só pé, andar para os lados, caminhar sobre uma linha demarcada no chão equilibrando-se. Propostas por profissionais que atuam na educação infantil, essas atividades promovem um ato de brincar levado a sério.

Síntese

Neste capítulo, tratamos da história da psicomotricidade e de seus principais teóricos. Apresentamos os pilares da psicomotricidade – movimento, intelecto e afeto –, bem como um breve relato sobre a psicomotricidade no Brasil e as linhas de atuação da psicomotricidade: educativa, reeducativa, terapêutica e relacional. Finalizamos nossa abordagem destacando a importância da psicomotricidade na educação infantil.

Atividades de autoavaliação

1. A psicomotricidade pode ser definida como:
    a) ciência que estuda o ser humano por meio de seu corpo em movimento e em relação a seu mundo interior e exterior.
    b) ciência que estuda o ser humano por meio de seu corpo em relação ao mundo exterior.
    c) ciência relacionada às práticas desenvolvidas durante as aulas de educação física.
    d) uma palavra com origem no termo grego *psyché* e no verbo latino *moto*, significando "conhecimento".

2. A psicomotricidade está embasada em três pilares que se complementam, resultando em harmonia e satisfação pessoal. São eles:
    a) educativo, reeducativo e terapêutico.
    b) movimento, intelecto e afeto.
    c) indivíduo, ambiente e interpessoal.
    d) movimento, conhecimento e afetividade.

3. Atualmente, a psicomotricidade está presente em clínicas de reabilitação, consultórios, hospitais, maternidades, escolas especiais, associações, cooperativas e áreas públicas espalhadas por todo o Brasil. O profissional que estuda e coloca em prática essa teoria chama-se:
    a) psicólogo escolar.
    b) profissional dos desportos.
    c) psicomotricista.
    d) psicopedagogo.

4. É um método de abordagem de grupo que tem por objetivo desenvolver no indivíduo sua integralidade, com foco nas experiências corporais afetivas, sendo uma prática educativa, de valor preventivo e terapêutico. Essa definição refere-se à:
   a) psicomotricidade relacional.
   b) psicomotricidade.
   c) psicopedagogia.
   d) debilidade motora.

5. Sobre a importância da psicomotricidade no desenvolvimento de crianças na educação infantil, **não** é correto afirmar:
   a) A psicomotricidade não tem influência considerável sobre o rendimento escolar.
   b) A psicomotricidade surge como um meio de combater a inadaptação psicomotora, pois apresenta uma finalidade reorganizadora dos processos de aprendizagem psicomotora.
   c) A psicomotricidade atua diretamente na organização de sensações, percepções e cognições, visando à sua utilização em respostas adaptativas previamente planificadas e programadas.
   d) A psicomotricidade auxilia as pessoas, sobretudo as crianças, na expressão de suas necessidades e vontades.

Atividades de aprendizagem

Questões para reflexão

1. Paulo Freire, em seu livro *Professora sim, tia não: cartas a quem ousa ensinar*, apresenta um texto de fácil compreensão para que os professores possam fazer uma reflexão a respeito de seu papel político. Após a leitura dessa obra, procure fazer uma analogia entre as ideias apresentadas pelo patrono da educação brasileira e a prática da psicomotricidade, que pressupõe um processo de maturação no qual o corpo é a origem das aquisições cognitivas, afetivas e orgânicas, sustentando-se em três pilares: movimento, intelecto e afeto.

    FREIRE, P. **Professora sim, tia não**: cartas a quem ousa ensinar. Rio de Janeiro: Paz e Terra, 2015.

2. Assista ao vídeo *Psicomotricidade: o que é*, indicado a seguir, e depois faça uma breve reflexão sobre a temática abordada.

    AZEVEDO JÚNIOR, L. **Psicomotricidade**: o que é? 29 dez. 2015. Disponível em: <https://www.youtube.com/watch?v=SFHdePvxCfo>. Acesso em: 16 set. 2018.

Atividade aplicada: prática

1. Faça a leitura do artigo "A importância do estímulo ao desenvolvimento da coordenação motora global e fina", de Ana Stephane da Silva Andrade, Carla Caroline Barbosa e Sônia Bessa, que apresenta uma reflexão sobre a importância da psicomotricidade para o desenvolvimento e

aprendizagem na educação. Após a leitura, faça uma resenha crítica do texto.

ANDRADE, A. S. da S.; BARBOSA, C. C.; BESSA, S. A importância do estímulo ao desenvolvimento da coordenação motora global e fina. In: CONGRESSO DE INICIAÇÃO CIENTÍFICA, ESTÁGIO E DOCÊNCIA DO CAMPUS FORMOSA, 2., 2017, Formosa. **Anais**... UEG: Formosa, 2017. Disponível em: <http://www.anais.ueg.br/index.php/ciced/article/view/10507/7729>. Acesso em: 11 out. 2018.

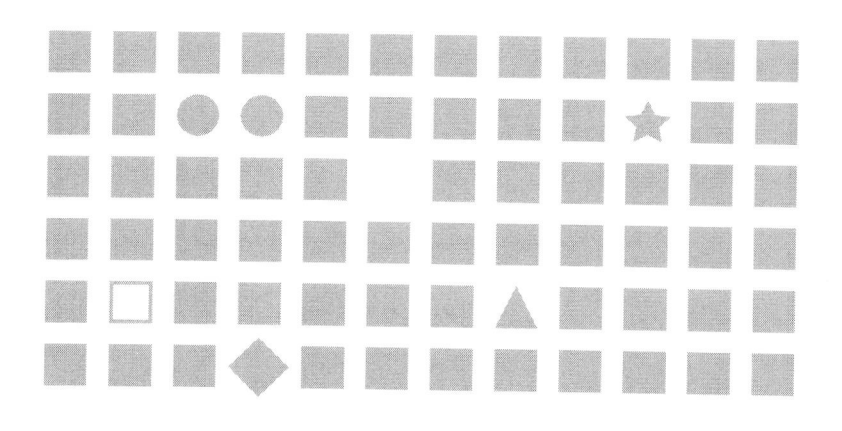

Capítulo 2
Psicomotricidade relacional

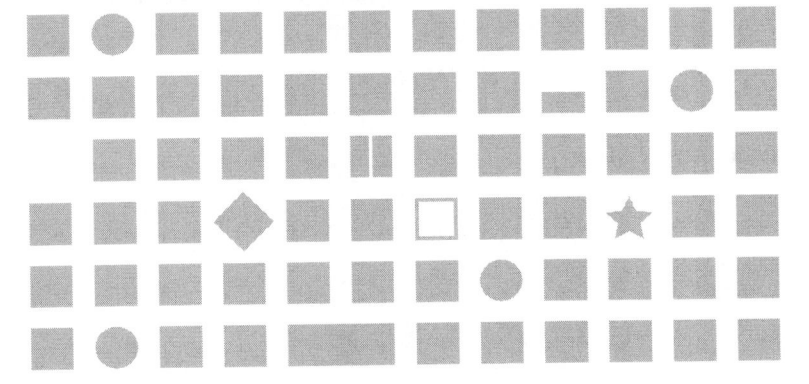

Neste capítulo, apresentaremos a psicomotricidade relacional e suas implicações na educação inclusiva. Trata-se de uma ciência que defende uma prática educativa de valor preventivo, com ênfase na saúde das pessoas, e não na doença.

O objeto da ação do psicomotricista é o ser humano e a forma como ele se relaciona com o mundo e consigo mesmo por meio do corpo em movimento. Brinquedos, jogos e desafios são algumas das ferramentas utilizadas pelos profissionais que atuam com a psicomotricidade. Os profissionais que trabalham nas escolas, principalmente aqueles que estão na educação básica, geralmente pedagogos, podem utilizar a psicomotricidade como instrumento para impulsionar seus alunos a ultrapassar novos limites, trabalhando de forma lúdica. Além das escolas, os psicomotricistas atuam em hospitais e clínicas, com crianças, jovens, adultos e idosos.

Como a profissão ainda não é regulamentada no Brasil, não existe uma graduação específica. Atualmente, a área integra o currículo de diferentes graduações, principalmente Educação Física, Fisioterapia, Pedagogia e Psicologia, bem como outras licenciaturas. De forma mais abrangente, a formação se dá principalmente em cursos de pós-graduação, considerando-se como ponto de partida uma visão global da pessoa, tendo em vista a compreensão de três aspectos já mencionados no capítulo anterior: o movimento do corpo, o desenvolvimento intelectual e o lado afetivo e emocional.

Desde a década de 1960, pesquisadores se dedicam a estudar a psicomotricidade no Brasil, pesquisa esta construída com base em conhecimentos em biologia, psicologia, pedagogia, sociologia, linguística, entre outros. As principais linhas de atuação do psicomotricista são as seguintes: educativa, reeducativa, terapêutica, relacional e aquática. O profissional deve adquirir conhecimentos nas áreas de prevenção, avaliação e intervenção psicomotora, para ser capaz de reconhecer os fenômenos inibidores e facilitadores que interferem direta ou indiretamente no desenvolvimento psicomotor.

2.1 Psicomotricidade relacional e formação de crianças e adolescentes em classes inclusivas

O sofrimento pelo qual passa uma criança ou adolescente quando não consegue lidar com as questões interpessoais ou mesmo com suas dificuldades de aprendizagem pode ser imensurável e trazer consequências irreparáveis na vida adulta. O Centro Internacional de Análise Relacional (Ciar) aponta que a psicomotricidade relacional, por meio de conhecimentos práticos e teóricos, pode auxiliar na promoção da saúde emocional de crianças e adolescentes que apresentam algum tipo de sofrimento psíquico.

As classes inclusivas surgem com o propósito de colocar em prática um novo jeito de tratar essas questões, auxiliando na promoção da saúde emocional de crianças e adolescentes, tornando a educação capaz de acolher todo indivíduo, independentemente das diferenças, eliminar os preconceitos existentes, atender às necessidades educacionais especiais de todos os sujeitos, em salas de aulas comuns, em um sistema regular de ensino, de forma a possibilitar a aprendizagem e o desenvolvimento pessoal de todos.

De acordo com Guerra (2008), o foco da psicomotricidade relacional, por meio da linguagem corporal, das relações estabelecidas com crianças e adolescentes e do jogo simbólico, é promover, sobretudo, os pontos positivos da pessoa, e não os negativos, pois, como afirmam Lapierre e Aucouturier (1984, p. 19), "queremos trabalhar com o que há de positivo na criança; nós nos interessamos por aquilo que ela sabe fazer, e não pelo que ela não sabe fazer".

O indivíduo se comunica com o mundo por meio de seu corpo, exprimindo suas sensações e intenções. Antes mesmo da verbalização, a criança recém-nascida já desenvolve essa capacidade. Potencializar as diversas formas de verbalização propicia a adoção de atitudes ativas por parte do indivíduo diante dos desafios que se apresentarão no transcurso de sua vida. A psicomotricidade relacional é uma prática de ensino que envolve a construção de possibilidades de aprendizagens, por meio de uma sistemática dialógica, favorecendo que as pessoas tenham uma atitude ativa diante desses conflitos de natureza interna ou externa.

2.2 Áreas de atuação do profissional psicomotricista

De acordo com a Associação Brasileira de Psicomotricidade (ABP, 2018b), destacam-se os seguintes campos de atuação do psicomotricista, considerando-se as formações acadêmicas anteriormente mencionadas:

- **Psicomotricidade educacional**: professores e pedagogos que lecionam na educação básica (educação infantil, ensino fundamental e ensino médio) e no ensino superior, incluindo educação especial, educação de jovens e adultos, entre outras modalidades.
- **Psicomotricidade hospitalar**: profissionais que atuam em unidades de terapia intensiva, enfermarias e brinquedotecas, em hospitais e clínicas, principalmente com crianças que estão em tratamento médico prolongado.
- **Psicomotricidade empresarial**: não tão difundida como as anteriores, mas de grande valia na resolução de problemas ocupacionais da ergonomia. Destaca-se a ergomotricidade, que trata dos problemas posturais e do comportamento do ser humano no trabalho, na escola e nas atividades cotidianas, objetivando a qualidade de vida.
- **Psicomotricidade aquática**: conjunto de ações no meio aquático onde a exteriorização corporal é utilizada como forma de melhorar as relações da pessoa consigo mesma, permitindo que realize movimentos que, se fossem executados fora do meio aquático, se tornariam muito mais difíceis.
- **Terapia psicomotora**: atividades voltadas para a saúde mental, especificamente do trabalhador, promovendo o bem-estar físico e psicológico no ambiente de trabalho. Destaca-se ainda a gerontopsicomotricidade, que permite trabalhar o lado psicomotor do idoso, sua capacidade física, mental e social, numa abordagem biopsicossocial, proporcionando melhor qualidade de vida para o paciente.

2.3 Psicomotricidade relacional como prática educativa, preventiva e terapêutica

A psicomotricidade relacional é uma prática educativa de valor preventivo e terapêutico que permite que crianças, adolescentes e adultos, incluindo pessoas com necessidades educacionais especiais, expressem seus conflitos relacionais, superando-os por meio de atividades lúdicas como o brincar e o jogo simbólico. Desenvolve aspectos sociais, cognitivos e comportamentais, contribuindo para questões comportamentais como afetividade, ajuste positivo da agressividade, limites, frustrações, medos, dependências, autoestima, hiperatividade, inibição, timidez, isolamento, tensão, estresse e dificuldades de aprendizagem, como déficit de atenção, dislexia, disgrafia, discalculia, dislalia, disortografia e transtorno de déficit de atenção e hiperatividade (TDAH). A prática possibilita a descoberta dos meios que facilitam o desenvolvimento global das pessoas.

De acordo com Ferronatto (2006), a psicomotricidade relacional é uma prática educativa de valor preventivo, com ênfase na saúde, e não na doença, com o objetivo de possibilitar que o indivíduo, de forma espontânea e criativa, expresse todo o seu potencial motor, cognitivo, afetivo, social e relacional. Isso pode ocorrer ao longo da vida de todos os seres humanos, incluindo pessoas com deficiências, transtornos e dificuldades de aprendizagem.

A função do psicomotricista relacional é fazer a mediação entre os indivíduos, permitindo a interação com o outro por meio de jogos e brincadeiras, de modo que se descubra o sentido real que se esconde por trás do simbólico (da brincadeira) e se decodifique a dimensão inconsciente, o que permite ao sujeito criar estratégias que contribuam para seu desenvolvimento biopsicossocial. Em contraste com outras atividades, a psicomotricidade relacional não está restrita a conteúdos intelectuais, racionais ou a objetivos pedagógicos ou clínicos; há uma intencionalidade afetiva.

Como afirmam André Lapierre e Anne Lapierre (2002, p. 36), "meu corpo não é apenas um conjunto de órgãos, nem o dócil executor das decisões da minha vontade. Ele é o lugar onde vivo, sinto, onde existo. Lugar de desejo, prazer e sofrimento, domicílio da minha identidade, do meu ser".

Síntese

Neste capítulo, tratamos especificamente da psicomotricidade relacional e de suas implicações na formação de crianças e adolescentes. Apresentamos as áreas de atuação do psicomotricista e a psicomotricidade relacional como prática educativa, preventiva e terapêutica.

Atividades de autoavaliação

1. De acordo com a teoria da psicomotricidade relacional, o indivíduo se comunica com o mundo por meio de seu corpo, exprimindo suas sensações e intenções. Tendo em vista essa afirmação, assinale a alternativa correta:
   a) A criança não desenvolve essa capacidade só depois da verbalização.
   b) A psicomotricidade relacional envolve a construção de possibilidades de aprendizagem por meio de uma sistemática dialógica.

c) Potencializar as diversas formas de verbalização propicia a adoção de atitudes ativas por parte do indivíduo.
d) Todas a alternativas estão corretas.

2. As principais linhas de atuação do psicomotricista são:
   a) educativa, reeducativa, terapêutica e relacional.
   b) educativa, reeducativa, terapêutica, relacional e aquática.
   c) motora e psicológica.
   d) educacional e hospitalar.

3. Qual é o princípio da psicomotricidade relacional?
   a) Prática neuromotora.
   b) Prática psicopedagógica.
   c) Prática educativa com função pedagógica.
   d) Prática educativa com ênfase na saúde e não na doença.

4. Envolve profissionais que atuam em unidades de terapia intensiva, enfermarias e brinquedotecas, em hospitais e clínicas, principalmente com crianças que estão em tratamento médico prolongado. Essa definição refere-se à:
   a) psicomotricidade educacional.
   b) psicomotricidade hospitalar.
   c) psicomotricidade empresarial.
   d) psicomotricidade aquática.

5. A função do psicomotricista relacional é:
   a) fazer a mediação entre os indivíduos, permitindo a interação com o outro por meio de jogos e brincadeiras.
   b) conhecer as dificuldades motoras pelas quais os alunos passam e indicar tratamentos adequados.

c) auxiliar o professor nas aulas de educação física propondo jogos e brincadeiras apropriadas para cada idade escolar.

d) fazer a mediação entre os professores, a fim de que eles compreendam a importância dos jogos e brincadeiras na educação infantil.

Atividades de aprendizagem

Questões para reflexão

1. Faça a leitura do artigo científico "Pedagogia hospitalar: o lúdico como um constructo da psicomotricidade", de Cleysiele Ferreira Duarte, e depois reflita sobre o uso da psicomotricidade no ambiente hospitalar.

    DUARTE, C. F. Pedagogia hospitalar: o lúdico como um constructo da psicomotricidade. **Revista de Pesquisa Interdisciplinar**, Cajazeiras, n. 2, p. 829-833, set. 2017. Disponível em: <http://revistas.ufcg.edu.br/cfp/index.php/pesquisainterdisciplinar/article/view/393/pdf>. Acesso em: 16 set. 2018.

2. O vídeo *Psicomotricidade* demonstra a importância da intervenção psicomotora em todos os grupos etários mediante técnicas de relaxamento e consciência corporal, terapias expressivas, atividades lúdicas etc. Assista ao vídeo e reflita sobre o assunto.

    PSICOMOTRICIDADE. 10 mar. 2014. Disponível em: <https://www.youtube.com/watch?v=rGPG9XKJoTQHYPERLINK \h>. Acesso em: 12 nov. 2018.

Atividade aplicada: prática

1. Faça uma pesquisa para identificar onde existe uma brinquedoteca em sua região (muito comum em escolas de educação infantil, clubes e hospitais especializados no atendimento a crianças). Depois, faça uma visita ao local e procure observar a finalidade e disposição dos brinquedos. Se possível, entreviste o profissional encarregado pelo setor, a fim de saber qual é a importância desse espaço pedagógico.

Capítulo 3
Contribuições da psicomotricidade relacional na inclusão escolar

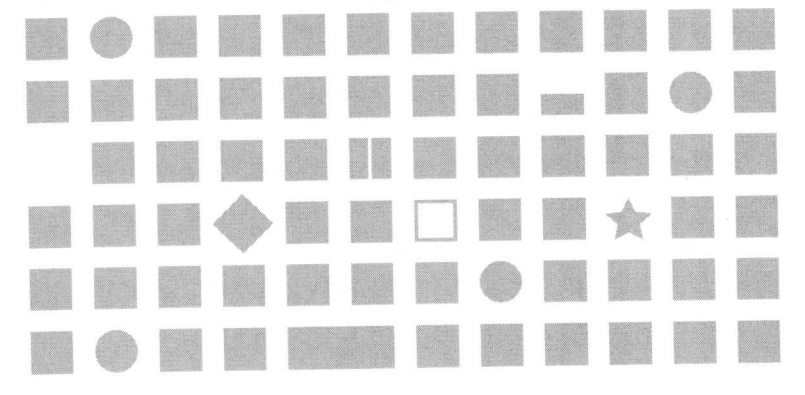

As contribuições da psicomotricidade para a inclusão escolar têm valor incontestável. É disso que trataremos neste capítulo, ao mostrar que a psicomotricidade busca o equilíbrio entre as capacidades da mente e do corpo, entre psique e movimento, sendo uma ferramenta para o professor que trabalha em classes inclusivas.

O art. 205 da Constituição Federal de 1988 estabelece: "A educação, direito de todos e dever do Estado e da família, será promovida e incentivada com a colaboração da sociedade, visando ao pleno desenvolvimento da pessoa, seu preparo para o exercício da cidadania e sua qualificação para o trabalho" (Brasil, 1988). Ou seja, o acesso à escola de qualidade é um direito inalienável de todos os cidadãos brasileiros.

Assim, falar de uma escola inclusiva significa falar de garantir esse direito a todos; trata-se, portanto, de um desafio aos governantes, aos legisladores e aos profissionais de educação. É nesse campo tão complexo que a psicomotricidade relacional pode contribuir de forma efetiva, buscando garantir a permanência da criança com deficiência na escola e a oferta de um ensino com qualidade, diminuindo suas dificuldades e assegurando-lhe uma cidadania plena.

O diagnóstico inicial de uma deficiência, transtorno ou necessidade educativa especial é fundamental para que a escola (todas, inclusive as de educação infantil – creche e pré-escola) possa receber essa criança e desenvolver atividades adequadas em classes cada vez mais heterogêneas. Quando a criança apresenta dificuldades de postura, estruturação espaço-temporal e praxia fina, insegurança, passividade e dificuldades motoras em relação ao deslocamento e ao equilíbrio dinâmico, o ambiente escolar pode aplicar metodologias desenvolvidas pela psicomotricidade relacional, de modo a possibilitar seu desenvolvimento em todos os sentidos. É importante não perder de vista o princípio de que cada pessoa tem seu tempo, e o momento de chegada pode não ser o mesmo para todos, devendo-se respeitar as individualidades, mas garantir as mesmas possibilidades a todos.

Como mencionamos, a psicomotricidade permite a obtenção do equilíbrio entre as capacidades da mente e do corpo, entre psique e movimento. Os profissionais da educação devem ter uma visão interdisciplinar, atuando em conjunto, por exemplo, com profissionais da educação física, pedagogos, psicomotricistas, psicólogos e fisioterapeutas. Cada profissional ou especialista necessita de auxílio do outro para gerar qualidade em seu trabalho e, consequentemente, alcançar resultados positivos e significativos diante dos desafios que a inclusão escolar apresenta.

3.1 Psicomotricidade e desenvolvimento global

A psicomotricidade relacional tem utilidade não só para crianças que apresentam dificuldades e/ou atrasos no desenvolvimento global. Pode ser utilizada para o trabalho de manutenção e favorecimento do desenvolvimento regular, proporcionando benefícios sobretudo nos casos de necessidades especiais, como deficiências sensoriais, motoras e cognitivas. Como destacamos anteriormente, o diagnóstico inicial realizado com as crianças que chegam à escola pela primeira vez é fundamental para identificar suas necessidades. Muitas vezes, é só na escola que se percebe um transtorno ou dificuldade de aprendizagem. A seguir, indicamos algumas situações que podem ser superadas com o auxílio da psicomotricidade relacional.

3.1.1 Distúrbios comportamentais associados

Os distúrbios comportamentais associados estão ligados aos aspectos emocionais e sociais do indivíduo, que recebem influência da família e do meio social em que ele está inserido. São características desses distúrbios: agressividade, inibição, falta de limites, baixa autoestima, baixa tolerância à frustração e hiperatividade. Essas características podem tornar a pessoa demasiadamente calma ou agitada, rebelde, tímida e até mesmo agressiva e violenta.

Esses distúrbios comportamentais costumam aparecer na escola, principalmente nos primeiros anos de escolaridade, e são os professores os primeiros a perceber as mudanças de comportamento. Os pais geralmente não os percebem ou preferem não admitir o problema. Há casos em que os distúrbios surgem como consequência de conflitos familiares, como separação dos pais, pais agressivos, falecimentos de familiares bem próximos, pais envolvidos com marginalidade e drogas.

Os professores e os pedagogos devem buscar ajuda de profissionais como psicopedagogos, que poderão analisar as causas com mais profundidade e fazer os encaminhamentos adequados. Em geral, isso ocorre normalmente nas escolas, que fazem os encaminhamentos; no entanto, o retorno da criança às atividades escolares, em muitos casos, não é adequado, pois os profissionais não sabem como organizar o trabalho pedagógico nessas classes e desistem do caso.

3.1.2 Dificuldades psicomotoras

Os distúrbios psicomotores atingem a unidade indissociável formada por intelecto, afeto e movimento. Estão ligados a problemas que envolvem o indivíduo em sua totalidade. Abrangem os seguintes tipos de dificuldades: instabilidade psicomotora; debilidade psicomotora; inibição psicomotora; lateralidade cruzada; e imperícias.

A instabilidade psicomotora é o tipo mais complexo de dificuldade e causa uma série de transtornos em razão das reações da criança com deficiência. O indivíduo apresenta instabilidade emocional e intelectual, falta de atenção e concentração; não termina tarefas iniciadas; não tem coordenação geral e motora fina; por vezes é hiperativo, não consegue formular conceitos e tem dificuldades na percepção. Ainda, apresenta distúrbios da palavra, alterações emocionais e tem dificuldades para dormir.

A debilidade psicomotora caracteriza-se pela paratonia[1], ou seja, por limitações nas quatro extremidades do corpo (ou, em alguns casos, apenas em duas), como dificuldades ao correr, limitações e rigidez nas mãos e nas pernas, e pela sincinesia[2], relacionada à descontinuidade de gestos, à imprecisão

---

1 "Persistência de uma rigidez muscular caracterizada por incontinência inadequada das reações tônicas" (Almeida, 2014, p. 49).

2 "Movimento involuntário que ocorre em um grupo de músculos por ocasião de um movimento voluntário ou de um reflexo de outra parte do corpo" (Almeida, 2014, p. 52).

nos movimentos dos braços e das pernas e a dificuldades de realizar os movimentos dos dedos.

A inibição psicomotora apresenta as características da debilidade psicomotora em conjunto com a ansiedade. Nesse caso, a criança apresenta sobrancelha franzida, prefere ficar com a cabeça baixa, tem problemas de coordenação motora e pode apresentar distúrbios de conduta.

A lateralidade cruzada caracteriza-se pela dominância distinta entre mãos e pés, por exemplo, diferentemente do que ocorre na lateralidade homogênea, quando a mão, o pé, o olho e o ouvido oferecem uma dominância no mesmo lado, seja no lado direito (destro), seja no lado esquerdo (canhoto). Os distúrbios frequentes são: mão direita dominante e olho esquerdo dominante; mão direita dominante e pé esquerdo dominante. Os distúrbios psicomotores nesse caso resultam em deformação do esquema corporal. É frequente que a criança apresente fadiga constante, quedas frequentes, dificuldades na coordenação, atenção instável e problemas de linguagem.

Finalmente, as imperícias são distúrbios considerados de menor gravidade, quando a criança apresenta inteligência normal, porém constantemente demonstra frustração causada pela dificuldade de realizar determinadas tarefas que exigem maior habilidade manual, como dificuldades na coordenação motora fina e em manter a regularidade na escrita.

3.1.3 Distúrbios de aprendizagem

As crianças que apresentam distúrbios de aprendizagem geralmente estão matriculadas nas classes ditas *regulares*, nas quais alguns alunos aprendem mais rápido, com mais facilidade, e outros apresentam dificuldades para acompanhar as tarefas escolares, o que provoca sérios transtornos, baixa autoestima e depressão por parte desses alunos. Quando a criança chega à escola já acompanhada de um laudo que indica sua deficiência ou transtorno, o trabalho do professor se torna muito mais fácil.

Há casos em que a pessoa segue todo o seu percurso escolar (sem reprovações, muito comum no sistema de ensino brasileiro), sem adquirir o básico do que é ensinado na escola, sempre se distanciando dos demais colegas de classe. A gravidade desse fato aumenta na vida adulta, quando a pessoa se torna responsável por sua sobrevivência. Os distúrbios de aprendizagem mais comuns são: déficit de atenção, hiperatividade, discalculia, dislexia e disgrafia, que já foram mencionados em capítulos anteriores deste livro. Mesmo assim, reforçaremos aqui alguns conceitos considerados fundamentais no trabalho destinado à inclusão escolar, tomando como base a ideia de que a psicomotricidade pode contribuir para a sua resolução ou ao menos para amenizar as dificuldades.

Segundo a Associação Brasileira do Déficit de Atenção (ABP, 2018), "O Transtorno do Déficit de Atenção com Hiperatividade (TDAH) é um transtorno neurobiológico, de causas genéticas, que aparece na infância e frequentemente acompanha o indivíduo por toda a sua vida. Ele se caracteriza por sintomas de desatenção, inquietação e impulsividade". Geralmente, a criança não consegue manter o foco em uma atividade e, mesmo que aparentemente esteja atenta, não está presente mentalmente.

Usualmente, o déficit de atenção se apresenta combinado com a hiperatividade; no entanto, há casos em que a hiperatividade não está presente. Quando o transtorno ocorre sem a hiperatividade, pode ser percebido pela dificuldade em fazer as atividades diárias em velocidade normal, fato que requer atenção especial no momento do diagnóstico e acompanhamento, pois é bem mais difícil identificá-lo do que quando apresenta características de hiperatividade.

A discalculia, que é a dificuldade de aprender o que está relacionado com as questões numéricas, como operações e conceitos matemáticos, é um distúrbio de aprendizagem comum que afeta a habilidade de fazer cálculos matemáticos desde a idade escolar e dura por toda a vida do indivíduo. É um distúrbio que pode trazer dificuldades no cotidiano da pessoa.

A disgrafia é outro grande desafio para os profissionais da educação. Entendida como a dificuldade de aprender e desenvolver as habilidades de linguagem escrita, é um transtorno específico que se apresenta muitas vezes acompanhado da dislexia – perturbação na aprendizagem da leitura pela dificuldade no reconhecimento da correspondência entre símbolos gráficos e fonemas, bem como na transformação de signos escritos em signos verbais (Zucoloto, 2001). A criança com disgrafia apresenta: coordenação motora para a escrita falha; dificuldade de lembrar-se das letras e palavras ao escrever; falta de coordenação espacial para dispor as letras no espaço; caligrafia ruim.

Figura 3.1 – Exemplo de escrita com características da disgrafia

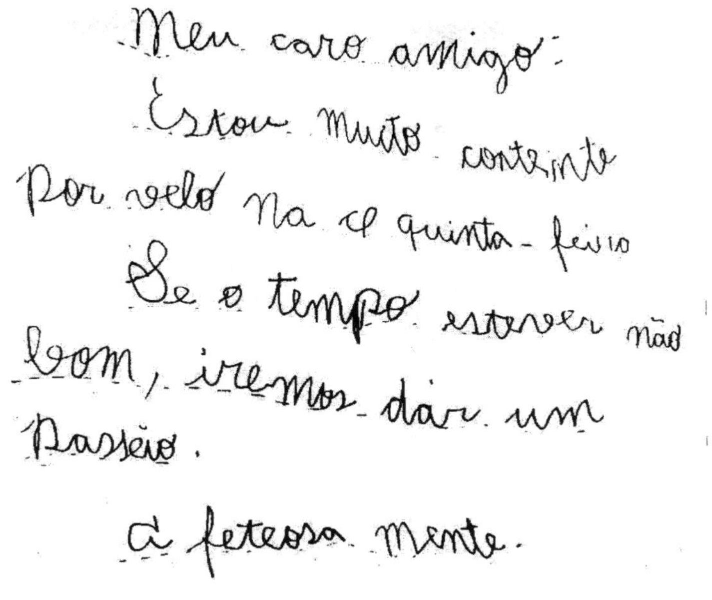

Fonte: Lorenzini, 1993, p. 119.

3.2 Psicomotricidade relacional e inclusão escolar

O tema da inclusão escolar nunca esteve tão presente nos fóruns de discussões sobre educação no Brasil como na atualidade. Muitos paradigmas mudaram e conceitos foram sendo construídos de forma a possibilitar maior compreensão do fenômeno.

A psicomotricidade relacional entra nessa discussão de forma significativa, uma vez que prioriza a linguagem analógica, a comunicação tônica, o brincar espontâneo, o movimento e o jogo em de um contexto global, apresentando-se, portanto, como ferramenta à disposição dos profissionais da educação para promover a inclusão escolar efetiva.

Incluir significa possibilitar que o indivíduo se expresse por meio do discurso corporal, compreenda seu desejo, elabore conflitos internos e externos e se desenvolva na busca de uma vida melhor e mais saudável. É justamente por priorizar a linguagem corporal que a psicomotricidade relacional se destaca na educação inclusiva, propondo que a escola proporcione à criança e aos estudantes em geral um espaço de legitimação de direitos, em que possam expressar com liberdade seus sentimentos e seu ritmo de desenvolvimento, ao mesmo tempo que ampliam seus limites, seus horizontes e, sobretudo, constroem boas relações com as pessoas e com o ambiente.

A psicomotricidade dá ênfase às potencialidades e capacidades do indivíduo e, assim, auxilia na transposição dos obstáculos para promover seu desenvolvimento. O que difere, apenas, é o ritmo de cada um.

Segundo Vieira e Linhares (2011), a psicomotricidade relacional é uma prática educacional que se baseia no entendimento de que a educação deve ser uma pedagogia ativa, com enfoque global no indivíduo, considerando as diferentes etapas de seu desenvolvimento. A escola é um lugar de encontros, de vivências, de ações, de socializações e aprendizagens múltiplas e precisa encontrar formas adequadas de atender às necessidades de cada um.

A escola deve respeitar a filogenética[3] da criança, o que implica considerar a história da espécie humana, respeitando-se o desenvolvimento natural de seus aspectos motor, afetivo, relacional e social.

Todo aluno, ao chegar à escola, tem suas especificidades. A criança que apresenta necessidades educacionais especiais tem suas dificuldades e limitações, mas também tem potencial de aprendizagem, como todas as demais crianças. E, também como todas as demais crianças, tem necessidade de estar em grupo, sentir-se incluída, interagir com o meio biopsicossocial em que vive. É assim que essa criança consegue se reconhecer como pessoa e como membro do grupo de forma mais autêntica e promissora.

A psicomotricidade relacional, considerando seus princípios norteadores, apresenta-se como ferramenta eficaz de comunicação corporal, em uma perspectiva de educação inclusiva. Segundo Mrech (1998), a proposta de educação inclusiva surgiu nos Estados Unidos em 1975, possibilitando a entrada de alunos com deficiência na escola comum, com o discurso de igualdade a todos os cidadãos. Nessa perspectiva, a educação norte-americana, assim como a de outros países, inclusive o Brasil, limitava-se à inserção desses alunos na rede de ensino quando apenas considerada possível. Ou seja, os alunos só eram integrados quando conseguiam ser incluídos na classe comum sem que houvesse qualquer adaptação no sistema educacional já estabelecido.

---

3   A filogenética estuda a origem dos organismos vivos e as relações existentes entre eles. O termo *filogenética* é formado pela união do vocábulo grego *phylon*, que significa "raça", com a raiz *gen*, que se refere à ideia de origem ou nascimento (Moraes, 2001).

Na mesma década surgiu o conceito de *necessidades educacionais especiais*, que mais tarde foi adotado pela Declaração de Salamanca (Unesco, 1994). Na ocasião, o conceito foi redefinido, passando a abranger não só crianças ou jovens cujas necessidades se relacionavam com deficiências, mas também crianças e jovens com altas habilidades/superdotação, em situação de rua, de populações remotas ou nômades, de minorias étnicas ou culturais e de áreas ou grupos desfavorecidos ou marginalizados.

Atualmente, a proposta de inclusão é muito mais abrangente e consistente, considerando-se que os sistemas educacionais devem ser os responsáveis por criar condições de promover uma educação de qualidade para todos e fazer adequações que atendam às necessidades educacionais especiais dos alunos com deficiência, e não o contrário. Isso abrange não só as adequações físicas, mas também a garantia de dispor de profissionais qualificados para atender a todas as demandas que se apresentarem.

Segundo Sassaki (1998, p. 9),

> Esse paradigma é o da inclusão social – as escolas (tanto comuns como especial) precisam ser reestruturadas para acolherem todo espectro da diversidade humana representado pelo alunado em potencial, ou seja, pessoas com deficiências físicas, mentais, sensoriais ou múltiplas e com qualquer grau de severidade dessas deficiências, pessoas sem deficiências e pessoas com outras características atípicas etc. É o sistema educacional adaptando-se às necessidades de seus alunos (escolas inclusivas), mais do que os alunos adaptando-se ao sistema educacional (escolas integradas).

A escola que objetiva incluir a todos sem distinção pode usar recursos pedagógicos específicos no sentido de minimizar, por exemplo, as limitações funcionais, motoras e sensoriais desses alunos, possibilitando que o processo de ensino e aprendizagem ocorra de fato. É nesse contexto que a psicomotricidade relacional se situa como instrumento pedagógico, cabendo ao professor responsável observar os alunos em sala de aula, a fim de identificar a necessidade de cada um e os recursos que podem ser utilizados em cada caso.

3.2.1 Psicomotricidade relacional e práticas inclusivas

A ideia de que a psicomotricidade relacional pode contribuir para a inclusão escolar já é bem difundida. Resta pensar o papel da escola, considerando-se a organização das adaptações necessárias para que o aluno portador de deficiência ou necessidades educacionais especiais seja incluído de fato.

Como exemplo, podemos citar a utilização em sala de aula de materiais montessorianos[4], peças sensoriais geométricas (pirâmides e esferas de tamanhos diferentes) que podem ser manipuladas de diferentes maneiras e são muito adequadas para desenvolver a linguagem. Com elas, além de se familiarizar com as formas e as cores, a criança pode desenvolver a coordenação motora.

---

4   O material didático montessoriano foi desenvolvido para complementar a linha pedagógica do Método Montessori, pelo qual se busca ajudar a criança no processo de aprendizado partindo-se de uma situação concreta até a completa abstração do que foi aprendido (Santos, 2015).

Figura 3.2 – Utilização de materiais montessorianos na educação infantil

Monkey Business Images/Shutterstock

Como em qualquer outra área que envolve o campo educacional, não basta ao professor conhecer os recursos que podem contribuir para que seu trabalho seja efetivo e tenha resultados significativos. Para que a proposta da escola inclusiva se efetive na escola regular, é necessário que o professor adquira formação adequada para atender uma população com características específicas, ampliando seus conhecimentos, tradicionalmente centrados na escola tradicional.

Figura 3.3 – Utilização de materiais montessorianos com criança com necessidades educacionais especiais

Olesia Bilkei/Shutterstock

Segundo Lapa (2006, p. 43),

É pela motricidade que a inteligência se materializa. Esta não surge espontaneamente num determinado momento do desenvolvimento mas é consequência de uma série de experiências sensório e perceptivo-motoras que a antecederam, sendo a interação das dimensões afetivas, motoras e cognitivas com o mundo exterior, que explica o fenômeno complexo da aprendizagem.

As várias dificuldades de aprendizagem podem ter na sua origem uma deficiente adaptação e aprendizagem psicomotora.

Molinari e Sens (2002-2003, p. 87) destacam que a psicomotricidade relacional possibilita à criança alcançar um conjunto de benefícios básicos no tocante a suas estruturas motoras, como "locomoção, manipulação e tônus corporal, que interagem com a organização espaço-temporal, as coordenações finas e amplas, coordenação óculo-segmentar, o equilíbrio, a lateralidade, o ritmo e o relaxamento".

Desse modo, como forma de intervenção no desenvolvimento motor da criança, a psicomotricidade relacional tem se tornado um recurso cada vez mais presente no campo da educação inclusiva, contribuindo em situações em que é indispensável uma compreensão global do desenvolvimento motor, afetivo e cognitivo da pessoa com necessidades educacionais especiais.

Síntese

Neste capítulo, tratamos da utilização da psicomotricidade relacional na inclusão escolar como contributo para a superação de problemas como distúrbios de comportamentos associados – ligados a aspectos emocionais e sociais do indivíduo –, dificuldades psicomotoras e distúrbios de aprendizagem, como déficit de atenção, dislexia, hiperatividade, disgrafia e discalculia.

Atividades de autoavaliação

1. Podemos apontar como característica(s) dos distúrbios comportamentais associados:
    a) agressividade, inibição, falta de limites, baixa autoestima, baixa tolerância à frustração e hiperatividade.
    b) dificuldades de aprendizagem.
    c) deficiência intelectual (DI).
    d) todas as características anteriores.

2. Crianças que não terminam tarefas iniciadas, não têm coordenação geral e motora fina e, por vezes, são hiperativas podem apresentar:
   a) debilidade psicomotora.
   b) instabilidade psicomotora.
   c) inibição psicomotora.
   d) todas as características anteriores.

3. Material didático por meio do qual se busca ajudar a criança em seu processo de aprendizado partindo-se de uma situação concreta até a completa abstração do que foi aprendido. Essa definição se refere ao material usado no método:
   a) piagetiano.
   b) montessoriano.
   c) freiriano.
   d) de blocos lógicos.

4. Ao afirmar que "É o sistema educacional adaptando-se às necessidades de seus alunos, mais do que os alunos adaptando-se ao sistema educacional", a que ideia Sassaki (1998, p. 9) está se referindo?
   a) Os pais devem matricular seus filhos em escolas que atendam a suas necessidades educacionais especiais.
   b) Crianças com necessidades educacionais especiais não devem ser matriculadas em escolas regulares.
   c) As escolas devem se adaptar às necessidades educacionais especiais dos alunos.
   d) Devem existir escolas privadas para atender as crianças com necessidades educacionais especiais.

5. Lapa (2006, p. 43) afirma que "É pela motricidade que a inteligência se materializa". Diante dessa constatação, podemos afirmar:
   a) A inteligência é consequência das experiências sensoriais e perceptivo-motoras que a antecedem.
   b) A inteligência não depende de atividades psicomotoras.
   c) As pessoas não modificam sua aprendizagem no decorrer da vida.
   d) A aprendizagem ocorre apenas no ambiente escolar.

Atividades de aprendizagem

Questões para reflexão

1. O vídeo *Psicomotricidade relacional: técnica auxilia crianças com dificuldades de relacionamento* apresenta atividades realizadas com as crianças que ajudam a identificar suas dificuldades e valorizar suas potencialidades, princípio defendido pela psicomotricidade relacional. Assista ao vídeo e reflita sobre a questão.

   PSICOMOTRICIDADE relacional: técnica auxilia crianças com dificuldades de relacionamento. 30 nov. 2015. Disponível em: <https://www.youtube.com/watch?v=65BmdcFiaWs>. Acesso em: 16 set. 2018.

2. Faça a leitura do artigo científico "Educação física como auxiliar no desenvolvimento cognitivo e corporal de autistas", de Maycon Cleber Tomé, e conheça um pouco sobre o Método TEACCH criado nos Estados Unidos para ajudar na socialização de pessoas com autismo.

TOMÉ, M. C. Educação física como auxiliar no desenvolvimento cognitivo e corporal de autistas. **Movimento & Percepção**, Espírito Santo do Pinhal, v. 8, n. 11, p. 231-248, jul./dez. 2007. Disponível em: <http://ferramentas.unipinhal.edu.br/movimentoepercepcao/include/getdoc.php?id=466&article=158&mode=pdf>. Acesso em: 16 set. 2018.

Atividade aplicada: prática

1. Realizar atividades pedagógicas utilizando brinquedos feitos com material reciclável é uma oportunidade de trabalhar diversos temas, como a conscientização ambiental, além de estimular a criatividade. O desafio agora é pesquisar e construir um brinquedo pedagógico com material reciclável, para ser usado em uma classe inclusiva. Considere que são alunos com necessidades educacionais especiais. Aproveite para descrever como deve ser a construção do brinquedo. Se achar interessante, você pode gravar um vídeo para registrar a realização dessa atividade.

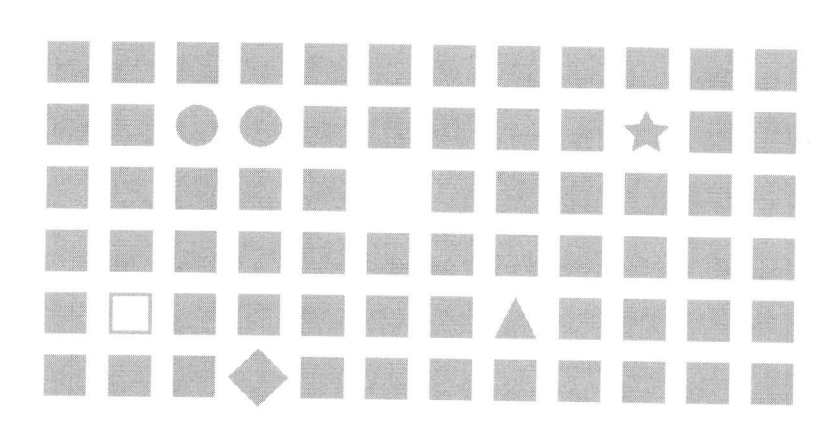

Capítulo 4
Psicomotricidade relacional na perspectiva de Wallon e Lapierre

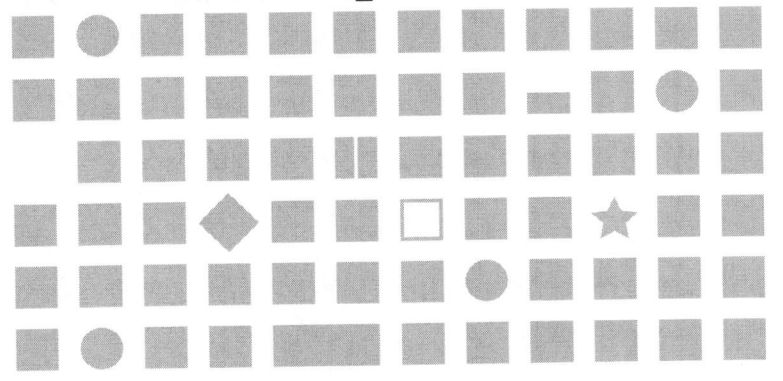

A proposta deste capítulo é apresentar a perspectiva de dois ícones da psicomotricidade, Henri Wallon (1879-1962) e André Lapierre (1923-2008), e mostrar o quanto esses estudiosos contribuíram para o entendimento dessa ciência.

Segundo Wallon, a emoção é o ponto de partida. Esse é o pensamento que norteia todo o estudo sobre a psicomotricidade e a psicomotricidade relacional. Aqui abordaremos o tema tomando como base os estudos desenvolvidos primeiramente por Wallon e depois por André Lapierre e Anne Lapierre, demonstrando que é possível perceber uma relação profunda entre esses estudiosos. São pensadores teórico-práticos, com ênfase no conhecimento do "eu" e do mundo.

4.1 Os estudos de Wallon e Lapierre

Henri Paul Hyacinthe Wallon, nascido na França em 1879, formou-se em Filosofia e Medicina. Foi médico do exército francês durante a Primeira Guerra Mundial. Foi justamente essa experiência, quando tratou ex-combatentes com lesões cerebrais, que lhe permitiu rever os conceitos de neurologia que havia desenvolvido ao trabalhar com crianças consideradas deficientes. Mais tarde, já atuando em instituições psiquiátricas, foi convidado a organizar conferências sobre psicologia da criança na Universidade de Sorbonne, o que originou a fundação, em Paris, de um laboratório de pesquisas e atendimento a crianças consideradas deficientes.

Após a publicação de sua tese de doutorado, em Moscou, teve a oportunidade de participar de discussões com Lev Semenovich Vygotsky (1896-1934), criador da teoria social da aprendizagem. Estudioso do marxismo, passou um longo período na clandestinidade. Somente após a Segunda Guerra Mundial voltou à vida pública, a convite do governo francês, para colaborar na construção de um projeto de reestruturação do setor educacional da França, considerado até hoje um dos mais eficientes do mundo. O objetivo do projeto era propor ações no campo educacional com o objetivo de desenvolver uma educação mais justa, para uma sociedade mais justa. Quatro princípios norteavam essa proposta: justiça, dignidade, orientação e cultura geral.

Os pressupostos que embasam os estudos de Wallon mais tarde foram incorporados pela psicomotricidade relacional. Por isso, Wallon é, provavelmente, o pioneiro da psicomotricidade como campo de estudo científico. Entre esses pressupostos, destaca-se o de que a pessoa está em processo permanente. Isso significa que há um movimento contínuo de mudanças, de transformações desde o início da vida até a morte, integrando os conjuntos motor, afetivo e cognitivo.

De acordo com Wallon (1979, p. 88),

> O objeto da psicologia pode ser, em vez do indivíduo, uma situação e confunde-se com o efeito que esta situação suscita, com a solução buscada ou encontrada das dificuldades que ela apresenta. [...] Só a observação, a análise e a comparação tornam possível a discriminação dos fatores em jogo. Este método, estritamente objetivo, que parte da indivisão entre forças externas e internas, entre necessidades físicas e possibilidades mentais, é, no entanto, o mais capaz de mostrar as oposições ou os conflitos e de fazer as diferenciações que se seguem a tudo isso. Porque as relações mais primitivas do

ser vivo e do meio são aquelas em que as suas ações se combinam totalmente.

No campo educacional, os estudos de Wallon destacam que a educação deve atender às necessidades imediatas de cada fase do desenvolvimento humano; a formação da inteligência não pode ser dissociada da personalidade; o professor não é o único responsável pelo saber, porém não deve esquivar-se desse papel; a escola é corresponsável pela formação integral do indivíduo e sua estruturação em sociedade.

Depois de Wallon, André Lapierre talvez seja o teórico que mais representa a psicomotricidade. É considerado o pai da psicomotricidade relacional, vertente da psicomotricidade que enfatiza os aspectos afetivo-emocionais e relacionais do ser humano.

André Joseph Blanc Lapierre nasceu na França, em 1923, e veio a falecer na cidade de Châtenay-Malabry, também na França, em dezembro de 2008. Formou-se em Educação Física ainda muito jovem e logo ingressou no Colégio Nacional de Monitores de Atletas e depois na Escola Nacional Superior de Educação Física. Em 1946, começou a ensinar a cinesioterapia[1] na Escola Francesa de Masso-Cinesioterapia, publicando os estudos realizados. Duas décadas depois, criou a Sociedade Francesa de Educação e Reeducação Psicomotora e, para dar conta de todos os desafios que surgiram, em 1988, já em Barcelona, dividiu suas atividades em duas áreas, psicomotricidade relacional e

---

[1] Conjunto de atividades físicas com finalidade terapêutica que demandam atividade muscular ou provocam uma resposta muscular do paciente à estimulação feita por meio de aparelhos específicos e massagens (Zilli, 2002).

análise corporal da relação, criando em seguida a Sociedade Internacional de Análise Corporal.

Seguidor dos estudos propostos por Wallon na área da psicomotricidade, suas maiores preocupações eram o corpo e as atividades motoras sob todos os aspectos, o que explica seu interesse em teorizar a psicomotricidade relacional. Segundo Lapierre, a psicomotricidade relacional consiste em possibilitar espaços de liberdade para a criança propícios aos jogos e às brincadeiras, fazendo com que, por meio deles, a criança manifeste seus conflitos e consiga compreendê-los. No campo educacional, essa ferramenta serviria de prevenção contra o surgimento de distúrbios emocionais, motores e de comunicação, que geralmente são entraves para a aprendizagem. Por isso a ideia da atividade preventiva e terapêutica.

André Lapierre e sua filha Anne Lapierre (2002, p. 13) afirmam que a psicomotricidade relacional "não é uma técnica que se possa aprender intelectualmente nos livros. É mais um método, uma maneira de atuar, uma possibilidade de se estabelecer uma comunicação mais humana, mais verdadeira com qualquer pessoa, até mesmo com as crianças, desde a creche e a escola".

A psicomotricidade relacional conquistou espaço a partir da década de 1970, quando foi instituído na relação terapêutica um aspecto mais psicoterápico que pedagógico, unindo-se os processos psicomotor e socioemocional do ser humano.

4.2 Psicomotricidade relacional como instrumento de aprendizagem

Na escola, o principal objetivo da psicomotricidade relacional é possibilitar o desenvolvimento integral da criança, por meio de atividades motoras que envolvam os aspectos cognitivo, social, psicoafetivo e motor.

Vários estudiosos do campo educacional afirmam que a escola tem o papel de participar da formação dos valores dos estudantes, o que deve ter início logo nos primeiros anos na educação formal, ainda na educação infantil. Usar a psicomotricidade relacional como instrumento de aprendizagem permite fazer essa relação entre a aprendizagem no contexto escolar e o desenvolvimento físico da pessoa, com atividades que estimulam a coordenação motora fina, a estruturação espacial, a orientação temporal, a lateralidade e o conjunto da estruturação corporal.

A psicomotricidade relacional adota como eixo norteador o aspecto funcional por meio do qual, no cumprimento de certas atividades corporais, devidamente orientadas pelo professor, a criança adquire um conjunto de habilidades motrizes capazes de prepará-la para as demandas da vida. Como destaca (Negrine, 1995, p. 74), o ponto fundamental da passagem da psicomotricidade funcional à relacional é a utilização do jogo (brincar da criança) como elemento pedagógico. O autor explica que a ausência de diretividade constitui um convite ao jogo livre, por um lado, e ao jogo dirigido, por outro, em oposição aos exercícios dirigidos; sua prática, tanto em grupos de crianças quanto de adultos, determina as bases de uma nova concepção pedagógica que vai progressivamente tomando corpo (Negrine, 1995, p. 5). Ainda segundo o autor, no que tange ao desenvolvimento afetivo e emocional, o jogo permite a expressão do imaginário e da criatividade, dos sentimentos, das fantasias, dos desejos e dos conflitos conscientes e inconscientes (Vieira; Batista; Lapierre, 2005, p. 50).

Em língua portuguesa as palavras *jogar* e *brincar* têm significados diferentes, o que não ocorre na expressão em língua inglesa, por exemplo, em que *brincar* e *jogar* traduzem-se para a expressão *to play*. Em português, *brincar* significa divertir-se, distrair-se, enquanto *jogar* está associado a uma atividade lúdica ou competitiva (dirigida ou não), de acordo com determinadas regras. Nessa relação ainda existe o exercício dirigido, que, segundo Samulski (2009), se caracteriza como um processo ativo, intencional e dirigido a uma meta.

O ato de brincar contribui para o conhecimento de si mesmo, do mundo e de tudo o que circunda a pessoa, possibilitando o desenvolvimento de múltiplas linguagens, um pensamento mais elaborado e a compreensão das regras e limites impostos para a socialização.

4.3 Método pedagógico da psicomotricidade relacional

> Nosso corpo é nossa presença no mundo. É o lugar no qual vivemos, sentimos e percebemos. É o lugar de nossa identidade, sede de todos os nossos investimentos afetivos, positivos e negativos. (Vieira; Batista; Lapierre, 2005, p. 45)

A psicomotricidade relacional tem como eixo três fundamentos: a comunicação, a exploração corporal e as vivências simbólicas, com ênfase no movimento espontâneo da criança. O ponto principal do método pedagógico da psicomotricidade relacional proposto por Lapierre está baseado na interação do adulto com a criança, em que aquele se torna um facilitador no desenvolvimento psicomotor desta, por meio da elaboração de atividades e estratégias, com o auxílio de diferentes materiais, a fim de favorecer a evolução desse desenvolvimento.

O trabalho pedagógico do professor, sobretudo de crianças pequenas, deve contemplar uma organização em três momentos distintos, porém que se complementam: a entrada, o desenvolvimento e a saída.

- **Entrada**: são propostas atividades que favoreçam a comunicação entre as crianças e o professor. São criadas as regras de convivência, expressadas e vivenciadas por todos que compõem o grupo. Aprende-se a respeitar limites e espaços.
- **Desenvolvimento**: a partir do momento em que as crianças têm conhecimento do grupo e das relações que podem ter com essas pessoas, é possível desenvolver atividades integradoras. O professor é extremamente importante, pois lança desafios às crianças de modo que elas se sintam provocadas, desafiadas a executar tarefas cada vez mais instigantes e complexas. O conhecimento de si mesmo e do outro passa a ser uma necessidade intrínseca e o desenvolvimento se dá de forma espontânea e natural.
- **Saída**: como em qualquer atividade executada em grupo, o fechamento deve sempre proporcionar aos participantes o momento de avaliação. As crianças podem falar sobre o que vivenciaram durante as atividades, demonstrar sua

satisfação ou insatisfação. É importante que o professor conduza esse momento para que todos tenham sua vez e seu espaço tanto de falar como de escutar os demais colegas.

Síntese

Neste capítulo, reforçamos alguns pontos importantes sobre a psicomotricidade. Apresentamos uma breve biografia de Wallon e Lapierre, mostrando a importância desses dois teóricos para a psicomotricidade e a psicomotricidade relacional. Em seguida, abordamos a psicomotricidade relacional como instrumento de aprendizagem e, por último, explicamos, de forma resumida, o método pedagógico da psicomotricidade relacional proposto por Lapierre.

Atividades de autoavaliação

1. Entre os teóricos apresentados a seguir, quem mais se aprofundou nos estudos sobre a afetividade e a interação da pessoa consigo mesma e com o ambiente em que vive foi:
    a) Jean Piaget.
    b) Lev Vygotsky.
    c) André Lapierre.
    d) Paulo Freire.

2. Na elaboração de atividades e estratégias para a prática pedagógica, o professor deve considerar momentos distintos, porém que se complementam. São eles:
    a) entrada, desenvolvimento e saída.
    b) regras de convivência e avaliação.
    c) avaliação e *feedback*.
    d) apresentação e retroalimentação.

3. O teórico considerado o pai da teoria de psicomotricidade relacional é:
   a) David Ausubel.
   b) Maria Montessori.
   c) Henri Wallon.
   d) André Lapierre.

4. Os três fundamentos da psicomotricidade relacional são:
   a) entrada, desenvolvimento e saída.
   b) comunicação, exploração corporal e vivências simbólicas.
   c) comunicação e exploração corporal.
   d) vivências simbólicas e movimentos espontâneos.

5. Segundo Vieira, Batista e Lapierre (2005, p. 50), "o jogo permite a expressão do imaginário e da criatividade, dos sentimentos, das fantasias, dos desejos e dos conflitos conscientes e inconscientes". Com base nessa ideia, podemos afirmar:
   a) A escola deve incentivar a competição entre os alunos.
   b) A escola deve proporcionar atividades lúdicas socializadoras.
   c) A escola deve promover brincadeiras recreativas.
   d) Nenhuma das afirmativas anteriores reflete o pensamento dos autores.

Atividades de aprendizagem

Questões para reflexão

1. No vídeo *A emoção na sala de aula*, o professor Geraldo Peçanha de Almeida apresenta a teoria de Henri Wallon. Assista ao vídeo e faça uma reflexão sobre o tema.

   ALMEIDA, G. P. de. **A emoção na sala de aula**: Henri Wallon 01. 8 out. 2016. Disponível em: <https://www.youtube.com/watch?v=4YIp8G466fA>. Acesso em: 16 set. 2018.

2. O vídeo *Psicomotricidade roelacional: uma história do tempo presente* trata da teoria da psicomotricidade relacional proposta por André Lapierre. Assista ao vídeo e faça uma reflexão sobre o que foi exposto neste capítulo.

   PSICOMOTRICIDADE relacional: uma história do tempo presente. 25 ago. 2017. Disponível em: <https://www.youtube.com/watch?v=cos3__pqjmc&feature=youtu.be>. Acesso em: 16 set. 2018.

Atividade aplicada: prática

1. Desafio: escolha pelo menos uma entre as obras sugeridas a seguir e faça um texto em que você a relacione com os conteúdos apresentados neste capítulo. As obras sugeridas são:

   CHAZAUD, J. **Introdução à psicomotricidade**: síntese dos enfoques e dos métodos. São Paulo: Manole, 1978.

FONSECA, V. da. **Psicomotricidade**. São Paulo: M. Fontes, 1983.

LAPIERRE, A. **Da psicomotricidade relacional à análise corporal da relação**. Curitiba: Ed. da UFPR, 2002.

VECCHIATO, M. **Psicomotricidade relacional e terapia**. Porto Alegre: Artes Médicas, 1989.

WALLON, H. **A evolução psicológica da criança**. Tradução de Cristina Carvalho. Lisboa: Edições 70, 1995.

Capítulo 5
Educação e reeducação psicomotora: prevenção e profilaxia

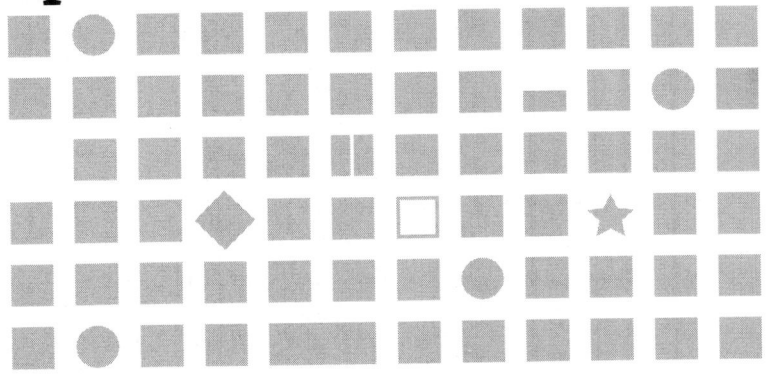

Neste capítulo, apresentaremos a psicomotricidade relacional segundo a perspectiva da educação e da reeducação com enfoque psicopedagógico, ou seja, como ferramenta para promover, por meio de uma ação pedagógica, o desenvolvimento de todas as potencialidades da criança, tendo em vista o equilíbrio biopsicossocial.

A educação psicomotora envolve todas as aprendizagens da criança desde seu nascimento, passando por seu desenvolvimento geral em todos os momentos da vida, por meio de percepções vivenciadas. Portanto, é realizada em todos os ambientes educativos – a família, a escola, o círculo de amigos –, contribuindo para a prevenção de distúrbios corporais.

Segundo Le Boulch (1981, p. 61), "a educação psicomotora deve ser considerada como uma educação de base na escola elementar, ponto de partida de todas as aprendizagens pré-escolares e escolares". Lapierre (1989, p. 102), por sua vez, afirma que a educação psicomotora "é uma ação psicopedagógica que utiliza os meios da Educação Física, com a finalidade de normalizar ou melhorar o comportamento do indivíduo".

Portanto, a educação psicomotora tem como foco o desenvolvimento funcional, levando em conta as capacidades e os limites da criança, com vista ao equilíbrio de sua afetividade por meio das relações interpessoais.

Desse modo, a prática da educação psicomotora tem as seguintes funções:

- **lúdico-educativa**: possibilitar à criança expressar-se por meio do jogo e do exercício físico, promovendo a exploração corpórea, dos objetos e dos materiais;

- **comunicação**: facilitar a comunicação das crianças por intermédio da expressividade motriz;
- **socialização**: potencializar as atividades em grupos e favorecer a liberação de emoções e conflitos, por meio do vivenciamento simbólico, capacidade que caracteriza o ser humano, diferenciando-o das demais espécies de seres vivos.

A psicomotricidade pode ser estudada segundo dois eixos (Quadro 5.1): (1) a **psicomotricidade funcional**, que se baseia no desenvolvimento de acordo com a faixa etária da criança, por meio de exercícios que trabalhem mecanicamente o aprimoramento dos movimentos e mensurando seu nível de desenvolvimento, e (2) a **psicomotricidade relacional**, que atua nos fatores psicoafetivos relacionais adquiridos na infância, diretamente ligados a dificuldades de adaptação no convívio social.

Quadro 5.1 – Psicomotricidade funcional e relacional

Psicomotricidade funcional	Psicomotricidade relacional
Solucionar problemas motores, melhorar as aprendizagens cognitivas e o comportamento da criança	Desenvolver as potencialidades relacionais da criança por meio da ação do brincar

Segundo Meur e Staes (1991), a educação psicomotora busca atingir basicamente três objetivos:
1. aquisição do domínio corporal, relacionado à lateralidade e à orientação espacial, desenvolvendo a coordenação motora, o equilíbrio e a flexibilidade;
2. controle da inibição voluntária, melhorando o nível de abstração e concentração e desenvolvendo a faculdade de percepção e reconhecimento de objetos e sensações (gnosia);

3. desenvolvimento socioafetivo, reforçando as atitudes de lealdade, companheirismo e solidariedade.

A reeducação psicomotora ou terapia psicomotora, por sua vez, tem por função melhorar o desenvolvimento, a aprendizagem e a personalidade da criança a partir das dificuldades detectadas. Ainda de acordo com Meur e Staes (1991, p. 23),

> A reeducação psicomotora – como qualquer outra reeducação – deve começar o mais cedo possível: quanto mais nova for a criança sob nossa responsabilidade, menos longa será a reeducação. É relativamente fácil fazer com que uma criança bem nova adquira as estruturas motoras ou intelectuais corretas; mas se a criança já assimilou esquemas errados, o reeducador deverá primeiro fazer com que os esqueça, antes de poder inculcar-lhe os esquemas corretos.

Esse entendimento é corroborado por Rachel Pereira (2018, p. 32):

> A reeducação é urgente sobretudo para os problemas afetivos. Quanto mais o tempo passa, mais a criança se bloqueia em um tipo de reações, sente-se mais angustiada, e as punições ou observações de seus conhecidos só agravam essa angústia. A reeducação ajudará a adotar um novo comportamento e, pouco a pouco, os que a cercam a verão de forma mais positiva.

A reeducação psicomotora – ou terapia psicomotora, como é mais conhecida – é indicada para tratamento de todos os problemas que afetam a motricidade global e fina, a planificação, a sequencialização e a execução do gesto, a percepção auditiva, visual e tátil-cinestésica, o tônus, a orientação espacial, a lateralidade, a aquisição da escrita e da comunicação verbal e não verbal.

5.1 Psicomotricidade relacional na perspectiva da educação e da reeducação segundo um enfoque psicopedagógico

Aprender faz parte da vida humana. De todos os animais, os seres humanos são os únicos capazes de criar e transformar o conhecimento acumulado no decorrer de sua vida cotidiana, por meio de experiências, dos relacionamentos interpessoais e da aprendizagem formal ou escolar.

Desde o nascimento, os seres humanos passam por experiências significativas que os fazem adquirir esse conhecimento e, por conseguinte, os saberes necessários à sua sobrevivência. Isso lhes permite também melhorar seu bem-estar físico, social, emocional e intelectual. A aprendizagem possibilita ao indivíduo internalizar e exteriorizar novas formas de ser, pensar e agir no contexto social em que está inserido.

A escola, como espaço estritamente educativo, vivencia situações muito diversas e complicadas, sobretudo neste século, em que as transformações no âmbito social são muito rápidas e até conturbadas. Assim, diferentes contextos se apresentam nesse espaço, tornando necessário que o professor se aproprie de conhecimentos que lhe permitam reconhecer essa complexidade e construir estratégias de ensino capazes de possibilitar a todos os seus alunos, indistintamente, a aprendizagem efetiva e verdadeira. Isso requer predisposição para reconhecer que a aprendizagem só se efetiva mediante o desejo de aprender e que esse desejo pode ser despertado nas crianças e nos adolescentes por meio de atividades psicomotoras.

O art. 1º da Lei de Diretrizes e Bases da Educação Nacional, que normatiza a educação no Brasil, preconiza que "A educação abrange os processos formativos que se desenvolvem na vida familiar, na convivência humana, no trabalho, nas instituições de ensino e pesquisa, nos movimentos sociais e organizações da sociedade civil e nas manifestações culturais" (Brasil, 1996). Ou seja, ensinar não é uma tarefa exclusivamente da escola, mas é no contexto escolar que a criança e o adolescente se fazem presentes diariamente e desenvolvem atividades de forma constante e sistemática.

A escola sempre será um espaço de contradições, mas deve garantir que o conhecimento esteja a serviço da transformação social e do mundo. Para que possa cumprir esse papel, deve buscar as ferramentas que melhor se adaptem às necessidades identificadas a cada ano letivo, relacionadas a cada classe e a cada aluno.

Nesse contexto, destaca-se mais um campo do saber que estuda os processos de aprendizagem de crianças, adolescentes e adultos, a psicopedagogia, que não é objeto de estudo desta obra, mas contribui para o entendimento da psicomotricidade relacional como parte do aprendizado das pessoas. A psicopedagogia, como o nome indica, tem como base teórica dois saberes e práticas – a pedagogia e a psicologia – e recebe influência da psicanálise, da linguística, da semiótica, da neuropsicologia, da psicofisiologia, da filosofia humanista-existencial e da medicina.

A psicopedagogia nasceu da necessidade de encontrar formas de tratamento para dificuldades de aprendizagem específicas. É considerada uma ciência interdisciplinar e aberta a profissionais de diferentes áreas que estejam dispostos a buscar soluções para essas dificuldades. São profissionais preparados para atender especialmente crianças e adolescentes com dificuldades de aprendizagem, atuando na prevenção, no diagnóstico e no tratamento clínico ou institucional.

Portanto, a psicopedagogia visa evitar ou solucionar problemas que o indivíduo venha a ter durante seu desenvolvimento, possibilitando a ele enfrentá-los por meio de atividades como brincar e jogar. Como afirma Costa (2012, p. 70),

> Apesar de ser a reeducação uma ação fragmentada, é possível marcar uma intersecção no atendimento aos problemas de aprendizagem à medida que esta é realizada pelo corpo do sujeito psicomotor-cognoscente, porque cognição e motor se interdependem no processo de equilibração. É o corpo, eixo comum na prática da psicopedagogia e da psicomotricidade, porta-voz dos sintomas e sede dos problemas de aprendizagem e/ou psicomotores.

É nessa interseção que se aproximam as duas áreas, psicopedagogia e psicomotricidade relacional, ambas propondo a educação e a reeducação por meio de atividades psicomotoras, com base no entendimento de que a cognição e a ação motora são interdependentes no processo de equilibração corporal.

5.2 Educação psicomotora na prática pedagógica em classes inclusivas

Segundo Negrine (1995), a prática psicomotora para crianças de classes inclusivas se desenvolve por meio de ações estruturadas; portanto, a aproximação de crianças com e sem necessidades educacionais especiais pode ser considerada algo positivo. Leite (2016) afirma que os professores se tornam melhores quando em suas classes têm alunos oriundos da educação especial e que classes inclusivas são espaços apropriados para a prática psicomotora.

Cornelsen (2007), por sua vez, afirma que a psicomotricidade relacional age como facilitadora do processo de inclusão por parte do professor, do aluno que se sente incluído e do grupo que o inclui, tendo como objetivo principal favorecer que a criança com deficiência ou transtorno veja a si mesma e ao outro por meio da simbologia do movimento, como afirmam Lapierre e Aucouturier (2004).

A educação psicomotora, como afirmamos ao longo desta obra, prioriza a linguagem corporal e, portanto, assume um papel importante na educação inclusiva, ao proporcionar às crianças um espaço em que possam expressar, com liberdade, seus sentimentos, respeitando os limites de cada pessoa, mas possibilitando a conquista de novos espaços e novas relações. Ou seja, como também mencionamos, o que se destaca nessa perspectiva são as potencialidades do indivíduo, e não suas dificuldades. Como explica Vygotsky (1989, p. 33), "É impossível apoiar-se no que falta a uma determinada pessoa, no que ela não é, mas é necessário ter, nem que seja a ideia mais vaga sobre o que ela possui e o que ela é".

O trabalho do professor em classes inclusivas deve considerar o que afirma Wallon (1942, p. 180):

> Relacionar o significante com o significado não pode ser a simples resultante automática da atividade prática. Isso não pode resultar da complicação e unificação progressiva de simples combinações entre esquemas sensório-motores. Não pode tampouco suceder por filiação direta às reações imediatas que suscita o meio.

A integração da criança no universo da significação supõe o acesso ao circuito da comunicação, o que implica a mediação do outro. Cada criança é única, e cabe ao professor desenvolver as mais diferentes capacidades em seus alunos, principalmente naqueles que apresentam necessidades educacionais especiais, levando em conta as particularidades, respeitando as limitações e adequando o trabalho pedagógico às especificidades do grupo.

Síntese

Neste capítulo, abordamos assuntos referentes à educação e à reeducação psicomotora na prevenção e na profilaxia, considerando que a educação psicomotora envolve todas as aprendizagens da criança, desde o nascimento. Segundo Le Boulch (1981), a educação psicomotora deve ser considerada como base na escola elementar, unindo todas as aprendizagens. A prática tem por finalidade as funções lúdico-educativa, de comunicação e de socialização.

Tratamos ainda dos dois eixos da psicomotricidade (funcional e relacional) e, por fim, dos objetivos da educação psicomotora (aquisição de domínio corporal, controle da inibição voluntária e desenvolvimento socioafetivo). Por fim, destacamos a psicomotricidade relacional na perspectiva da educação e da reeducação, em um enfoque psicopedagógico, como prática pedagógica em classes inclusivas.

Atividades de autoavaliação

1. Segundo Lapierre (1989, p. 102), a educação psicomotora "é uma ação psicopedagógica que utiliza os meios da Educação Física, com a finalidade de normalizar ou melhorar o comportamento do indivíduo". Com base nessa definição, podemos afirmar:
   a) A educação psicomotora ocorre durante as aulas de Educação Física.
   b) A educação psicomotora visa somente melhorar o comportamento do indivíduo.
   c) A educação psicomotora usa as atividades motoras como ponto de partida para todas as aprendizagens.
   d) Nenhuma alternativa anterior está correta.

2. Função psicomotora que promove, por meio de uma ação pedagógica, o desenvolvimento de todas as potencialidades da criança, buscando o equilíbrio biopsicossocial: Essa definição se refere à:
   a) função lúdico-educativa.
   b) função comunicação.
   c) função socialização.
   d) função pedagógica.

3. A psicomotricidade pode ser estudada considerando-se dois eixos. São eles:
   a) atividade motora e atividade cognitiva.
   b) cognição e afetividade.
   c) psicomotricidade funcional e psicomotricidade relacional.
   d) motricidade e cognição.

4. A reeducação psicomotora, mais conhecida como *terapia psicomotora*, é indicada para o tratamento de todos os problemas que afetam os domínios da motricidade global e fina. Entre esses problemas estão:
   a) sequencialização e execução do gesto.
   b) percepção auditiva, visual e tátil-cinestésica.
   c) tônus, orientação espacial e lateralidade.
   d) todos os problemas indicados anteriormente.

5. O(s) objetivo(s) básico(s) da educação psicomotora é (são):
   a) desenvolvimento socioafetivo e domínio corporal.
   b) aquisição da aprendizagem.
   c) aquisição do domínio corporal, controle da inibição voluntária e desenvolvimento socioafetivo.
   d) desenvolvimento da percepção e reconhecimento de objetos e sensações.

Atividades de aprendizagem

Questões para reflexão

1. Assista ao filme *Muito além do jardim*, de Hal Ashby, que retrata a história de um homem que vive recluso na casa do patrão. Depois da morte deste, ele se vê diante de um

outro mundo que não conhecia. Faça uma reflexão sobre a história contada no filme e a psicomotricidade relacional.

MUITO além do jardim. Direção: Hal Ashby. EUA, 1979. 130 min.

2. Leia o artigo científico "Psicomotricidade e educação musical: reflexões para o desenvolvimento psicomotor da criança através do método de Dalcroze", de Augusto Paulucci Ribeiro e Janaína Pereira Duarte Bezerra, e faça uma reflexão sobre o que você estudou neste capítulo.

RIBEIRO, A. P.; BEZERRA, J. P. D. Psicomotricidade e educação musical: reflexões para o desenvolvimento psicomotor da criança através do método de Dalcroze. **Colloquium Humanarum**, Presidente Prudente, v. 12, n. 3, p. 75-85, jul./set. 2015. Disponível em: <http://journal.unoeste.br/index.php/ch/article/view/1415>. Acesso em: 16 set. 2018.

Atividade aplicada: prática

1. Faça uma pesquisa e indique três atividades que possam ser desenvolvidas em classes inclusivas com a finalidade de solucionar problemas motores, melhorar a aprendizagem cognitiva e o comportamento da criança, bem como três atividades que visem desenvolver potencialidades relacionais da criança mediante a ação do brincar.

Capítulo 6
Jogos e brincadeiras aplicadas à psicomotricidade relacional

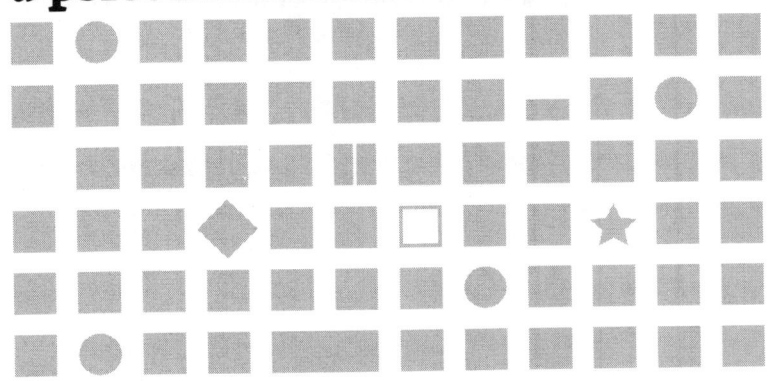

Neste capítulo, o objetivo indicar jogos e brincadeiras, já do conhecimento do público em geral, que podem contribuir para demonstrar a relação entre o brincar e a psicomotricidade relacional.

Aqui, o termo *jogo* faz referência ao lúdico; o termo *brincadeira*, por sua vez, a momentos em que os indivíduos exploram os diferentes materiais descobrindo formas de manipulação e criação de novos brinquedos e novas formas de brincar. Uma tampa de panela, por exemplo, pode ser um volante de um automóvel ou, em outro momento, uma roda.

A psicomotricidade relacional contribui para a compreensão desse pensamento, pois trata da relação em que estão envolvidos o pensamento, a ação e a emoção. Por isso, ela favorece a relação do indivíduo consigo mesmo, com o outro e com o mundo que o cerca, possibilitando-lhe conhecer melhor seu corpo, seus limites e suas possibilidades.

Para a criança, os jogos e as brincadeiras funcionam como mecanismos facilitadores dessa relação entre o pensamento, a ação e a emoção. Isso ocorre de forma lúdica, tranquila e instigante. Cabe aos pais e aos professores tornar esses momentos – que são inesquecíveis para as crianças – efetivamente educativos.

6.1 Importância do brincar na perspectiva da psicomotricidade relacional

Brincando, a criança tem a oportunidade de se desenvolver de modo a apresentar menos dificuldades na idade adulta.

Quando brinca, a criança é mais feliz e interioriza o mundo adulto, o que a ajuda a:
- pensar e desenvolver sua capacidade criadora;
- ter iniciativa própria;
- despertar sua alegria no experimentar, no descobrir;
- ampliar sua capacidade de expressão;
- estabelecer vínculos de amizade e consciência de vida em sociedade.

A psicomotricidade relacional possibilita a adequação dos brinquedos para que a criança seja levada a brincar livre de pressões exteriores. Enquanto brinca, ela aprende naturalmente. Claparéde (1940, p. 26) afirma que "a criança é um ser feito para brincar, e [...] o jogo é um mecanismo que a natureza encontrou para envolver a criança numa atividade útil ao seu desenvolvimento físico e mental [...]". Jacquin (1963, p. 16) enfatiza que "o jogo tem sobre a criança o poder de um excitador universal [...]". Piaget (1976, p. 42), por sua vez, esclarece que "a atividade lúdica é o berço obrigatório das atividades intelectuais da criança, sendo, por isso, indispensável à prática educativa".

6.2 A brincadeira e o processo de ensino e aprendizagem de crianças e adolescentes em classes inclusivas

A importância da atividade lúdica na escola tornou-se um dos temas mais discutidos e estudados na formação inicial e continuada de professores. Segundo os autores construtivistas, por meio da brincadeira – que contribui, sobretudo, para o processo de ensino e aprendizagem nos aspectos motor, cognitivo e afetivo –, a criança pode tomar decisões e pensar, sentir emoções variadas, competir ou cooperar, construir, experimentar e descobrir, aceitar limites e surpreender-se. Segundo Vygotsky (1989), a brincadeira é uma grande fonte de desenvolvimento que contém todas as tendências do desenvolvimento de forma condensada. Para ele, a brincadeira fornece ampla estrutura básica para mudanças das necessidades e da consciência, pois, ao brincarem, as crianças ressignificam o que vivem e sentem.

A psicomotricidade relacional, conforme descrito anteriormente, parte do princípio de que a relação entre o cognitivo e o motor é fundamental para que o processo de aprendizagem se efetive, seja na função de educar, seja na de reeducar as pessoas. Nesse sentido, os jogos e as brincadeiras são fundamentais em classes inclusivas.

O professor de classes regulares que recebem alunos com necessidades educacionais especiais não deve ater-se apenas à rotina comum das classes regulares, mas ser flexível e criativo, compreendendo a necessidade de trabalhar com a imprevisibilidade e possibilitando a todos os seus alunos um contexto enriquecedor e favorável à aprendizagem.

Esse contexto não deve apenas envolver o brincar, mas garantir que, por meio de jogos e brincadeiras educativas, o professor tenha uma visão global do aprendizado de seus alunos, fortalecendo sua relação com essas crianças e adolescentes e possibilitando que cada aluno possa desenvolver seu potencial de aprendizagem. Isso significa valorizar aquilo que o aluno sabe e consegue fazer, e não suas limitações.

É necessário que o profissional reconheça os limites de cada um de seus alunos e valorize-os em suas potencialidades, em seus melhores aspectos, levando também em consideração a afetividade. Os demais profissionais que trabalham na escola, tais como inspetores de pátio, atendentes, merendeiras, auxiliares de limpeza, liderados pelos pedagogos, devem ter conhecimento da presença desses alunos e saber como se relacionar com uma criança ou adolescente com necessidades educacionais especiais. Essa não é uma tarefa única e exclusiva do professor em sala de aula.

A integração de um aluno com necessidades educacionais especiais se inicia no ato da matrícula. Nem sempre os pais estão devidamente informados e orientados sobre como devem proceder para a inserção de seus filhos na escola onde pretendem matriculá-los. Por vezes, preferem esconder algumas informações que são muito importantes para a socialização dessas crianças e adolescentes e, eventualmente, pela falta de estrutura dos mecanismos de atendimento público, esses alunos chegam à escola sem o devido encaminhamento, por exemplo, um laudo médico ou uma avaliação psicopedagógica. Por isso, é fundamental que a escolha busque, desde o ato da matrícula, o máximo de informações possíveis, para que posteriormente o professor possa desenvolver seu papel com êxito.

Na chegada desse alunado em classe comum ou regular, sugere-se que o professor, além de seguir as orientações gerais que são de praxe na escola, desenvolva vivências de grupos para facilitar a integração dessas crianças e adolescentes. Muitas são as atividades que podem contribuir para o processo educativo na escola, algumas delas indicadas a seguir.

6.2.1 Sugestões de brincadeiras

As brincadeiras propostas pela psicomotricidade relacional geralmente são simples e o mais naturais possível, com atividades que buscam aproveitar ao máximo a relação com o corpo e, de preferência, que possibilitem o uso de brinquedos de fácil manipulação. Na sequência, são descritas algumas brincadeiras muito utilizadas pelos psicomotricistas. Entre elas estão atividades que não requerem nenhum equipamento e são muito conhecidas no meio popular, em que os brinquedos são as próprias pessoas.

O objetivo da psicomotricidade relacional é contribuir para a melhora dos movimentos do corpo, da noção de espaço, da coordenação motora, do equilíbrio e do ritmo. Essas metas são alcançadas por meio de brincadeiras como correr, brincar com bolas, bonecas e jogos educativos, que visam corrigir alterações em nível mental, emocional ou físico, de acordo com a necessidade de cada um.

Muitos dos jogos e brincadeiras que as crianças vivenciam nos dias de hoje resistiram ao tempo, como podemos observar no quadro *Jogos infantis*, pintado pelo artista holandês Pieter Bruegel por volta do ano de 1560.

Figura 6.1 – *Jogos infantis*, de Pieter Bruegel, o Velho

BRUEGEL, P. (O Velho). **Jogos infantis**. 1560. 1 óleo sobre tela: color; 118 cm × 161 cm.
Museu de História da Arte, Viena.

A literatura indica diversas atividades que contemplam essas necessidades. Muitas são brincadeiras transmitidas de pais para filhos, de geração em geração. Algumas já estão incorporadas no trabalho pedagógico do professor, no entanto, com criatividade, é possível remodelá-las para que se tornem adequadas às necessidades de cada um – obviamente, tomando-se o cuidado para que não percam seu propósito inicial. Nosso objetivo é apresentar alguns exemplos que podem servir de base para o trabalho do professor em classes inclusivas.

Jogo da amarelinha

Origem
O nome da brincadeira não tem nada a ver com a cor na língua portuguesa. Tem origem no francês *marelle*, que, para os portugueses, soava como diminutivo de *amarelo* (*amarelinha*). Originalmente, o termo se referia a um pedaço de madeira, uma ficha de jogo ou simplesmente uma pedrinha.

Desenvolvimento
As linhas podem ser desenhadas no chão com giz ou mesmo usando-se um graveto na terra. Depois, basta numerar os quadrados de 1 a 9 e nomear o último espaço como *céu*. A brincadeira consiste em jogar uma pedrinha ou outro objeto em uma das casas numeradas e, então, percorrer, pulando com uma perna só, todo o caminho traçado sem pisar na casa marcada, recolhendo a pedrinha na volta. O participante não pode pisar nas linhas ou se esquecer de recolher a pedrinha.

Conceitos psicomotores
Possibilita o treinamento do equilíbrio e da coordenação motora. Desenvolve a consciência das linhas médias, permite controlar o corpo e o ritmo corporal, que é a base do processo de aquisição da linguagem, ajudando a criança a ajustar-se a diferentes padrões de fala, e auxilia na memorização, na aquisição de força muscular, no desenvolvimento da noção de espaço e da coordenação óculo-manual, que demanda muita atividade cerebral e corporal. Contribui também para a coordenação motora fina, o senso de prioridade e o desenvolvimento social.

Figura 6.2 – Exemplo de jogo da amarelinha

André Aguiar

Andar sobre uma linha desenhada no chão

Origem
Essa atividade sempre fez parte do cotidiano das brincadeiras entre as crianças no meio familiar e foi incorporada pela escola como uma atividade educativa e pedagógica.

Desenvolvimento
O condutor deve marcar o chão com giz ou fita crepe, compondo linhas, círculos, quadrados, retângulos e triângulos. Uma por vez, as crianças podem andar livremente batendo palmas, andar para a frente e depois de costas, andar com as mãos na cabeça e depois na cintura, andar na ponta dos pés, andar encostando um pé à frente do outro. Essa atividade, para ser bem observada, deve ser feita em vários dias, para que o condutor tenha tempo de avaliar todas as crianças.

Conceitos psicomotores

Trabalha equilíbrio, coordenação motora ampla e identificação corporal. Possibilita integração com o grupo, orientação espacial, percepção visual, observação, atenção e concentração. É uma atividade realizada para explorar e exercitar os movimentos do próprio corpo, seu ritmo, sua cadência e seu desembaraço, bem como os efeitos que sua ação pode produzir.

Figura 6.3 – Exemplo de atividade de equilíbrio

Pular corda

Origem

A atividade de pular corda é tão antiga que é praticamente impossível descobrir sua origem. Há registros de que esteve presente nas brincadeiras infantis no contexto de diferentes povos e regiões do mundo. É uma brincadeira tradicional que envolve grande atividade física e coordenação motora.

Atualmente, essas características fizeram dessa recreação um desporto com regras bem definidas, o que não se aplica às atividades de cunho recreativo e pedagógico.

Desenvolvimento

A atividade pode ocorrer em vários níveis de dificuldade. Também chamada de *saltar corda*, envolve não apenas pular a corda, mas também executar manejos com a corda, saltos em série, em sincronia com outros saltadores ou com uma música, e até acrobacias. Pode ser praticada individualmente ou em grupos. É um dos exercícios mais recomendados nas atividades de educação física na escola e nas academias.

Conceitos psicomotores

Trabalha coordenação psicomotora, coordenação sensório-motora, equilíbrio, percepção, linguagem e lateralidade. Melhora a coordenação de braços e pernas e contribui para o equilíbrio, a agilidade, a velocidade e o tônus muscular.

Figura 6.4 – Brincadeira de pular corda

Cinco-marias

Origem

O jogo de cinco-marias têm origem na Grécia Antiga. Quando queriam consultar os deuses, os homens lançavam ossinhos de pata de carneiro e observavam como eles caíam no chão. Cada lado do ossinho tinha um nome e um valor, e as respostas às perguntas feitas eram interpretadas com base na soma resultante. Com o tempo, os ossinhos foram substituídos por pedrinhas, sementes e pedaços de telha até chegar aos saquinhos de tecido recheados com areia, grãos ou sementes, muito usados atualmente. O jogo também é conhecido como *cinco saquinhos, cinco pedrinhas, pipoquinha* e *porquinho*.

Desenvolvimento

O jogo consiste em brincar com cinco saquinhos de pano. Os saquinhos são feitos com retalhos e preenchidos com arroz, feijão ou mesmo pedrinhas. Deve-se tirar a sorte para ver quem será o primeiro a jogar. Inicia-se jogando os saquinhos para cima; onde caírem devem ficar. O jogador pega um saquinho e lança para cima enquanto tenta pegar outro saquinho antes de o primeiro cair no chão. Depois, lança os dois saquinhos para cima e tenta pegar o terceiro saquinho do chão, e assim por diante. Quem conseguir pegar os cinco saquinhos ganha um ponto. Se não conseguir, passa a vez ao colega, caso esteja fazendo a atividade em grupo.

Conceitos psicomotores

Trabalha coordenação psicomotora, coordenação sensório-motora, equilíbrio, percepção, linguagem e lateralidade.

É uma atividade de extrema importância para o desenvolvimento pleno das capacidades afetivas e motoras.

Figura 6.5 – Material para jogar cinco-marias

Pega-pega

Origem

O pega-pega ou pique é uma brincadeira infantil muito conhecida. Foi criada na Holanda provavelmente em 1830 e logo se popularizou por todo o continente europeu e pelo mundo.

Desenvolvimento

A brincadeira pode ser realizada por um número ilimitado de jogadores e em inúmeras variantes. De modo geral, são dois os tipos de jogadores, os pegadores e os que devem evitar ser apanhados.

Conceitos psicomotores

Trabalha coordenação psicomotora, coordenação sensório-motora, equilíbrio, percepção, linguagem e lateralidade. Quando as crianças aceitam participar de uma atividade em grupo, mudam de comportamento, passando a organizar-se socialmente, o que resulta em aprendizagem.

Figura 6.6 – Pega-pega

Circuito

Origem

As atividades em circuito, sobretudo na educação infantil, surgem da necessidade de possibilitar que as crianças explorem os movimentos, considerando-se as fases e estágios de desenvolvimento e as necessidades de aprendizagem. Assim, são preparadas atividades que permitam às crianças adquirir autonomia na solução de problemas e explorar o mundo ao seu redor.

Desenvolvimento

As crianças devem, por exemplo, saltar, caminhar em zigue-zague ou desviar de obstáculos enquanto realizam um pequeno circuito. Podem ser usados diferentes elementos para montar o circuito, tais como cadeiras, bambolês, pneus, almofadas, fitas de papel para fazer uma teia de aranha, tapetes enrolados. Os circuitos podem ser realizados na própria sala de aula, sobre tapetes, ou em espaços externos, como gramados e campos.

Conceitos psicomotores

Trabalha coordenação psicomotora, coordenação sensório-motora, equilíbrio, percepção, linguagem e lateralidade. Por meio dos circuitos motores, as crianças exploram o ambiente e experimentam movimentos, o que possibilita o reconhecimento de si. A abordagem da psicomotricidade relacional permite a compreensão da forma como a criança toma consciência de seu corpo e das possibilidades de se expressar por meio dessa brincadeira.

Figura 6.7 – Circuito

Cabra-cega

Origem
A cabra-cega é um jogo recreativo em que um dos participantes, de olhos vendados, procura agarrar os outros e adivinhar quem são. Atualmente é um jogo infantil, mas na Idade Média era um passatempo palaciano. Muito comum em Portugal e na Espanha, de onde veio para a América, o jogo já era popular entre os romanos no século III a.C.

Desenvolvimento
Com os olhos vendados, uma criança tenta pegar as demais. Quando uma criança é pega, passa a ser a cabra-cega. É indicada para crianças a partir dos 6 anos de idade. Para brincar, é necessário um lenço ou uma venda para tapar os olhos; quanto mais crianças participarem, melhor.

Conceitos psicomotores
Vários são os benefícios adquiridos com brincadeiras do tipo cabra-cega. Entre eles, podemos citar: equilíbrio, controle da ansiedade, memória e imaginação, reflexão estratégica, confiança, domínio de emoções e coordenação motora.

Figura 6.8 – Crianças brincando de cabra-cega

Queimada

Origem

A queimada provavelmente surgiu na Colômbia ou nos Estados Unidos. Não é praticada como atividade esportiva, porém faz parte das brincadeiras entre crianças e até mesmo entre adolescentes e adultos.

Desenvolvimento

Para brincar, é preciso dividir o grupo em dois times. O material utilizado é uma bola de vôlei ou de borracha, de tamanho médio. O jogador que estiver com a bola deve arremessá-la tentando acertar (queimar) uma pessoa do outro time. Quem for queimado sai do jogo. Vence a equipe que conseguir queimar todo o time adversário primeiro. O local deve ser um terreno plano, de forma retangular, demarcado por linhas de mais ou menos 16 metros de comprimento por 8 metros de largura e dividido em dois campos.

Conceitos psicomotores

Contribui para a construção de atitudes sociais e relações interpessoais: respeito mútuo, cooperação, obediência às regras, senso de responsabilidade, senso de justiça, iniciativa pessoal e grupal. Trabalha também coordenação sensório-motora, equilíbrio e percepção.

Figura 6.9 – Queimada

Cabeça, ombro, joelho e pé

Origem
Trata-se de atividade muito comum nos espaços educativos com crianças pequenas, principalmente após o lançamento

do DVD *Xuxa só para baixinhos*, lançado em 2000 no Brasil, em que a música "Cabeça, ombro, joelho e pé" foi eternizada na voz da cantora brasileira. Existem versões em diversas línguas.

Desenvolvimento

Organizado em um círculo, o grupo canta a música reproduzida a seguir. Enquanto cantam, as crianças devem colocar a mão na parte do corpo citada. Os participantes da roda vão cantando cada vez mais rápido, sem errar a sequência. Quem errar sai da brincadeira. Para dificultar, as partes do corpo podem ser suprimidas, uma de cada vez. Se houver algum estudante portador de deficiência física, a brincadeira deve ser personalizada de acordo com a necessidade dele.

Cabeça, ombro, joelho e pé

> Cabeça, ombro, joelho e pé
> Joelho e pé
> Cabeça, ombro, joelho e pé
> Joelho e pé
> Olhos, ouvidos, boca e nariz
> Cabeça, ombro, joelho e pé
> Joelho e pé
> Hum, ombro, joelho e pé
> Joelho e pé
> Hum, ombro, joelho e pé
> Joelho e pé
> Olhos, ouvidos, boca e nariz
> Hum, ombro, joelho e pé

Joelho e pé
Hum, hum, joelho e pé
Joelho e pé
Hum, hum, joelho e pé
Joelho e pé
Olhos, ouvidos, boca e nariz
Hum, hum, joelho e pé
Joelho e pé
Hum, hum, hum e pé
pé
Hum, hum, hum e pé
pé
Olhos, ouvidos, boca e nariz
Hum, hum, hum e pé
pé
Hum, hum, hum e hum
Joelho e pé
Hum, hum, hum e hum
Joelho e pé
Olhos, ouvidos, boca e nariz
Hum, hum, hum e hum
Joelho e pé
Hum, hum, hum e hum
Hum e pé
Hum, hum, hum e hum
Hum e pé
Olhos, ouvidos, boca e nariz
Hum, hum, hum e hum
Hum e pé

Hum, hum, hum e hum
Hum e hum
Hum, hum, hum e hum
Hum e hum
Olhos, ouvidos, boca e nariz
Hum, hum, hum e hum
Hum e hum
Hum, hum, hum e hum
Hum e hum
Hum, hum, hum e hum
Hum e hum
Hum, ouvidos, boca e nariz
Hum, hum, hum e hum
Hum e hum
Hum, hum, hum e hum
Hum e hum
Hum, hum, hum e hum
Hum e hum
Hum, hum, boca e nariz
Hum, hum, hum e hum
Hum e hum
Hum, hum, hum e hum
Hum e hum
Hum, hum, hum e hum
Hum e hum
Hum, hum, hum e hum
Hum, hum, hum e hum
Hum e hum

Para assistir ao vídeo com a música "Cabeça, ombro, joelho e pé" (*Head, Shoulders, Knees and Toes*), do DVD *Xuxa só para baixinhos*, acesse: <www.youtube.com/watch?v=CVkVs6mKv5g>. Também pode ser usado apenas o refrão:

Cabeça, ombro, joelho e pé, joelho e pé
Cabeça, ombro, joelho e pé, joelho e pé
Olhos, ouvidos, boca e nariz
Cabeça, ombro, joelho e pé, joelho e pé.

Conceitos psicomotores
Trabalha a compreensão da estrutura e do funcionamento do corpo e dos elementos que compõem seus movimentos; movimentos com o corpo em sequência; identificação e nome das partes do corpo; expressão musical e corporal; coordenação motora e conhecimento do corpo.

Figura 6.10 – Atividade com a música "Cabeça, ombro, joelho e pé"

André Aguiar

Escravos de Jó

Origem

Existem muitas histórias sobre a canção que originou essa brincadeira. Provavelmente é uma canção vinda do continente africano, trazida para o Brasil pelas pessoas que foram sequestradas de seus países para servirem de escravos por aqui. A versão da cantiga que ficou conhecida no Brasil fala de Jó, um personagem bíblico que, ao longo de sua vida, perdeu todas as riquezas que tinha, inclusive seus escravos, mas nunca perdeu a fé. O que instiga as crianças a cantar a música que se perpetuou por várias gerações é o desafio de sincronizar o ritmo e a melodia com as batidas de palmas ou movimentos de trocas de objetos. É uma brincadeira que possibilita, além da atividade psicomotora, diversas leituras e promove a socialização.

Desenvolvimento

É preciso organizar as crianças sentadas no chão, em uma roda. Cada uma deverá ter consigo um objeto, que pode ser uma caixa de fósforo ou um copo plástico, por exemplo. Assim que a música se inicia, os alunos devem passar os objetos entre si, no ritmo da cantiga, em sentido horário ou anti-horário, o que deve ser estabelecido antes de a brincadeira começar. Assim como há diferentes versões para a melodia da música, outras formas de brincar podem ser adotadas, inclusive criadas pelos próprios alunos.

Em uma das versões mais conhecidas, no trecho "tira, bota", os alunos devem levantar o objeto do chão e colocá-lo novamente à sua frente. No trecho "deixa ficar", devem pegar o objeto e batê-lo no chão. A partir de "guerreiros com guerreiros", os objetos voltam a ser passados para o lado inicialmente determinado. No trecho "zigue-zigue zá", o objeto é passado para o lado na sílaba "zi" do primeiro "zigue", retorna ao mesmo aluno na sílaba "zi" do segundo "zigue" e é passado novamente, dessa vez de maneira efetiva, ao colega do lado.

Escravos de Jó

Escravos de Jó
Jogavam caxangá
Tira, bota
Deixa ficar
Guerreiros com guerreiros fazem
Zigue-zigue zá
Guerreiros com guerreiros fazem
Zigue-zigue zá

Conceitos psicomotores

A atividade melhora os relacionamentos interpessoais por meio da comunicação. É possível refletir sobre os comportamentos e atitudes das crianças; descobrir lideranças; exercitar a criatividade e a harmonia.

Figura 6.11 – Atividade com a música "Escravos de Jó"

André Aguiar

Jogo da estátua

Origem
São poucas as informações sobre a origem dessa brincadeira, muito popular no Brasil inteiro. Alguns registros indicam que veio das brincadeiras indígenas. Nas escolas é bastante usada para a socialização dos alunos, sobretudo no início do ano letivo.

Desenvolvimento
É necessário definir um local com espaço e seguro para que os alunos possam se movimentar e dançar sem acidentes. Um deve ser o juiz, que controlará o som para que os demais possam se movimentar. Enquanto a música toca, todos devem se movimentar; assim que a música for interrompida, é hora de

congelar o movimento e tornar-se uma estátua. Todos devem congelar exatamente na posição em que estavam quando a música parou. O juiz fica observando; quem se mexer primeiro sai da brincadeira. Ganha o último aluno que conseguir se manter como estátua por mais tempo.

É importante estabelecer alguns combinados com os alunos, como não dar risada e não encostar no colega. O juiz pode fazer gestos e brincadeiras para tirar a concentração dos participantes.

Conceitos psicomotores

Trabalha esquema corporal, capacidade de expressão corporal, criatividade, atenção, concentração, criatividade, linguagem corporal, resistência, coordenação motora e socialização.

Figura 6.12 – Jogo da estátua

Corrida de saco

Origem
A corrida de saco é uma brincadeira tradicional há muitos séculos. Apesar de ser recomendada para crianças a partir dos 6 anos de idade, não há limite de idade. Segundo historiadores, foi um jogo tradicional entre a comunidade portuguesa que vivia em Macau, cidade chinesa que foi domínio português entre 1557 e 1999, ligada às atividades da agricultura, o que justifica a popularidade dos sacos de estopa.

Desenvolvimento
A brincadeira deve ser realizada em um local plano e sem obstáculos e, geralmente, usa-se um saco de estopa, que é resistente. Os participantes devem formar duas fileiras com o mesmo número de pessoas. O primeiro de cada fila deve colocar os pés dentro do saco e esperar que o responsável pela brincadeira dê a ordem de saída. Para começar a corrida, os participantes devem segurar o saco com uma mão para evitar que caia abaixo dos joelhos e, ao mesmo tempo, manter o equilíbrio para poder saltar. Durante o percurso, devem manter as duas pernas dentro do saco até o ponto previsto para a chegada. Geralmente, combina-se que deem uma volta, retornando até o ponto de partida, onde outra pessoa ocupa o lugar da primeira, até que todos da fila façam o percurso. Ganha a equipe que primeiro concluir a tarefa.

Conceitos psicomotores
Desenvolve agilidade, condicionamento físico, velocidade, esforço e resistência, melhorando a coordenação motora.

Além dos benefícios motores, trabalha a socialização e a afetividade, pois os participantes aprendem a compartilhar e socializar.

Figura 6.13 – Corrida de saco

Pular carniça

Origem

Pular carniça é uma brincadeira conhecida mundialmente, realizada entre crianças, adolescentes e adultos. No Brasil, provavelmente, teve origem nas brincadeiras das crianças indígena se acabou fazendo parte da cultura popular brasileira. Foi imortalizada na obra *Meninos pulando carniça* (1957), do artista brasileiro Candido Portinari.

Desenvolvimento

Os participantes devem formar duas filas paralelas com um espaço de cerca de dois metros entre os participantes de cada fila, que devem ficar com as costas curvadas apoiando as mãos sobre os joelhos. Um dos componentes da equipe fica em pé e começa a saltar sobre as costas de cada participante até passar por toda a fila. Chegando ao final da fila, também assume a mesma posição dos demais colegas e dá um aviso para que o último da fila comece a pular, e assim sucessivamente. A brincadeira termina quando todos executarem a tarefa. Vence a equipe que concluir primeiro.

Conceitos psicomotores
Trabalha agilidade, coordenação motora, equilíbrio, resistência, força, expressão corporal e socialização. Apesar de ser muito difundida no meio escolar, deve ser realizada com cuidado para que as crianças não se machuquem.

Figura 6.14 – Brincadeira de pular carniça

Carrinho de mão

Origem
São poucos os registros sobre a origem dessa brincadeira. Provavelmente originária da Ásia, é praticada em diversas partes do mundo. É uma corrida clássica bastante frequente nas aulas de Educação Física e em colônias de férias. Deve ter recebido esse nome por assemelhar-se ao gesto de empurrar um carrinho de mão, equipamento que já era usado na Grécia por volta do ano 406 a.C.

Desenvolvimento
Devem ser traçadas duas linhas paralelas a uma distância de aproximadamente cinco metros uma da outra: serão as linhas de partida e de chegada. Os participantes devem ser organizados em duas fileiras paralelamente posicionadas antes da linha de partida. Ao sinal, os que estiverem na fileira da frente apoiam as mãos no chão, estendendo as pernas para trás. O participante que está posicionado logo atrás segura as pernas do colega, aproximadamente na altura do joelho, como se tivesse segurando o cabo de um carrinho de mão. Ao segundo sinal, começam a correr em direção à linha de chegada, saindo vencedora a dupla que chegar primeiro. É possível combinar com as crianças, por exemplo, que os jogadores que caírem durante a corrida serão desclassificados ou poderão iniciar o percurso novamente.

Conceitos psicomotores
Além de ser uma atividade muito dinâmica e socializante, permite que os participantes superem desafios de equilíbrio, força e agilidade, fundamentais no desenvolvimento motor

das crianças. Desenvolve os músculos peitorais e dorsais, ajudando a criança na manifestação do sistema muscular responsável pelo tônus postural, promovendo fortalecimento e resistência. Contribui também para a localização espacial.

Figura 6.15 – Brincadeira de carrinho de mão

Cabo de guerra

Origem
O cabo de guerra ou jogo de puxar corda é uma atividade milenar, fazendo parte de cerimônias e cultos encontrados pelo mundo todo, como no Egito, na Índia, no Japão e na América do Sul. Ainda é bastante popular nas brincadeiras realizadas na escola, inclusive nas atividades de educação física.

A modalidade integrou os Jogos Olímpicos de Paris em 1900 até até a edição dos jogos realizados na Antuérpia, em 1920.

É um esporte regulado pela Federação Internacional de Cabo de Guerra (Tug of War International Federation – TWIF), fundada em 1960, com sede em Orfordville, Wisconsin, Estados Unidos. Ainda faz parte dos Jogos Mundiais, organizados pelo Comitê Olímpico Internacional (COI).

Desenvolvimento

É uma brincadeira que pode ser feita com crianças a partir de 6 anos de idade e com, no mínimo, quatro participantes. Os participantes devem ser divididos em dois grupos de forma equilibrada (número de participantes, força e idade). É importante usar uma corda resistente de, no mínimo, seis metros. Deve-se prender um pedaço de pano no centro da corda e marcar o chão com um giz ou uma fita. Enfileiradas, as duas equipes devem segurar a corda, uma de cada lado da linha estabelecida. No sinal a ser dado pelo coordenador da brincadeira, começam a puxar a corda, cada equipe para seu lado, tentando trazer a equipe oponente para seu lado do campo. Ganha a equipe que conseguir puxar pelo menos um dos adversários para a frente da linha central. As regras podem ser modificadas conforme as necessidades do grupo.

Conceitos psicomotores

Trabalha condicionamento físico, agilidade, força, resistência e cooperação e melhora a socialização entre as crianças. A atividade também desperta o interesse dos participantes, desenvolvendo a qualidade física de maneira lúdica e socializante, desenvolvendo noções saudáveis de competitividade e cooperação.

Figura 6.16 – Cabo de guerra

Corrida do saci

Origem
É uma brincadeira levada muito a sério entre os povos indígenas, sobretudo entre as crianças Kalapalo, que vivem no sul do Parque Indígena do Xingu, em Mato Grosso.

Desenvolvimento
As crianças devem correr em um pé só, sem poder trocar de pé durante a corrida. Quem conseguir ultrapassar a linha da meta previamente determinada ou chegar mais longe é o vencedor.

Conceitos psicomotores
Trabalha percepção espacial, equilíbrio e motricidade ampla. A brincadeira pode ser realizada com crianças bem pequenas, a partir dos 3 ou 4 anos de idade. Nesse caso, é preciso considerar que elas executam movimentos isolados do corpo e compreendem regras, mas as seguem por períodos curtos.

Figura 6.17 – Corrida do saci

Corrida do sapo pula-pula

Origem
A corrida do sapo pula-pula não difere das demais brincadeiras do imaginário infantil ligadas à vida natural, especialmente em uma época em que os brinquedos industrializados eram raros. É uma brincadeira que sofreu influência de todos os povos que colonizaram o Brasil e tem raízes nas brincadeiras realizadas pelas crianças indígenas.

Desenvolvimento
Os participantes, em posição de sapo (de cócoras), devem sair pulando até uma linha de chegada previamente definida. Vence aquele que chegar primeiro.

Conceitos psicomotores
Estimula a agilidade, a coordenação motora, o equilíbrio, a resistência e a força. Pode contribuir também para a

socialização e a expressão corporal. Pode ser realizada com crianças pequenas, a partir dos 3 anos de idade.

Figura 6.18 – Corrida do sapo pula-pula

Lenço atrás

Origem

A brincadeira lenço atrás, também conhecida como corre cutia ou pega-pega com ciranda, é típica do Centro-Oeste do Brasil e envolve cantigas infantis que variam de acordo com a cultura local. É considerada uma parlenda[1] típica do folclore brasileiro.

1   Versinhos com temática infantil que são recitados em brincadeiras de crianças. As parlendas são usadas também por adultos para embalar, entreter e distrair os pequenos. Apresentam rima fácil e, por isso, são populares entre as crianças. São criações anônimas que fazem parte do folclore brasileiro e passam de geração para geração, transmitindo a cultura oral popular (Heylen, 1987).

Desenvolvimento

Todos os participantes devem sentar no chão, formando um círculo. Uma das crianças corre do lado de fora do círculo com um pedaço de tecido, um lenço, uma bola ou mesmo um chinelo ou sandália, ao ritmo da música. Em determinado momento, a criança que está correndo deve soltar o objeto atrás de uma das crianças que estão sentadas. Esta deve pegar o lenço e correr atrás de quem o largou. A criança que deixou o lenço deve tentar chegar ao lugar vazio deixado pelo colega, chamado de *pique*. Quem perde, fica fora da roda e a brincadeira recomeça. Pode-se definir previamente que quem for pego tem de pagar uma prenda. A seguir, reproduzimos uma das versões conhecidas da canção.

Corre cutia

Corre cutia

de noite e de dia

Comendo farinha

Na casa da tia

Corre cipó

Na casa da avó

Lencinho na mão

Caiu no chão

Moça(o) bonita(o)

do meu coração

Criança: Posso jogar?

Roda: Pode!

Criança: Ninguém vai olhar?

Roda: Não!

É um, é dois e é três!

Conceitos psicomotores

É uma atividade de socialização que permite à criança uma vivência mais ampla sobre o meio físico e social em que está inserida. Como envolve um grupo de participantes, pode contribuir para o desenvolvimento de atividades motoras, mas também da atenção, da interação e do cumprimento de regras e limites.

Figura 6.19 – Lenço atrás

Esses jogos e brincadeiras, como tantos outros que não estão presentes na relação apresentada aqui, de caráter educativo ou reeducativo, são momentos importantes que auxiliam no desenvolvimento de crianças e adolescentes. Podem ser realizados em diferentes espaços, como na escola e em clínicas de terapia ou reabilitação. São atividades que agregam os princípios da psicomotricidade e da psicomotricidade relacional.

Em classes inclusivas, devem ser realizadas de forma a respeitar as individualidades e limitações de cada pessoa.

6.2.2 Sala multissensorial

A sala multissensorial é um espaço importante no desenvolvimento psicomotor das crianças. É um ambiente composto de várias cores, formas, tamanhos e ações, construído com o objetivo de para estimular os alunos com qualquer tipo de deficiência múltipla, disfunção neuromotora ou transtorno de espectro autista.

Considerando-se a intenção de desenvolver novas competências pedagógicas e promover a assimilação de diversas aprendizagens significativas, as salas multissensoriais podem fazer parte de vários projetos de atenção à criança e ao adolescente portadores de deficiências. Elas podem contribuir para fomentar práticas pedagógicas inovadoras nas escolas; aumentar a qualidade das aprendizagens dos alunos, sobretudo daqueles com necessidades educacionais especiais; efetivar aprendizagens e melhorar os resultados escolares; diminuir o abandono escolar; entre outros aspectos.

Geralmente, esses espaços integram um conjunto diversificado de equipamentos, instrumentos e estratégias promotoras da estimulação sensorial, entre os quais se destacam: projetores de iluminação usados para distribuir diferentes padrões de luz em toda a sala; colunas de bolhas de água; painéis de controle de cores; painéis táteis, que permitem que os alunos sintam diferentes tipos de texturas, em diferentes materiais; aromaterapia e musicoterapia, sempre adaptadas às necessidades individuais dos frequentadores.

As salas multissensoriais têm origem nas salas de estimulação multissensorial Snoezelen, conceito que surgiu da necessidade de integrar pessoas com diferentes transtornos de desenvolvimento com as quais não eram atingidos resultados significativos. Ad Verheul e Jan Hulsegge são seus precursores, cuja proposta era, por meio dos diferentes canais sensoriais, ajudar as pessoas que, de outra forma, jamais seriam incluídas nos processos de ensino e aprendizagem.

O conceito teve origem na Holanda, no início dos anos 1980, primeiramente como forma de relaxamento para adultos com deficiências. A palavra *Snoezelen* deriva, portanto, de duas palavras holandesas: *snuffelen*, que significa "procurar", e *doezelen*, que significa "relaxar". Segundo a Fundação Alemã de Snoezelen, trata-se de

> um ambiente especificamente equipado que transmite aos seus visitantes um sentimento agradável de processos de autorregulação. Através de uma sala equipada e usada de acordo com as necessidades específicas de cada pessoa, consegue-se a estimulação de intervenções terapêuticas e pedagógicas, tanto como se fortalece as relações pessoais entre terapeuta e paciente. Snoezelen pode ser aplicado com grande êxito na área de pacientes, deficientes e não deficientes. (IPEIP, 2018)

A sala multissensorial permite a estimulação dos sentidos primários, como o toque, a visão, o som e o cheiro, não necessariamente por meio das capacidades intelectuais, mas pelas capacidades sensoriais do indivíduo. Permite oferecer estímulos sensoriais controlados que podem ser utilizados individualmente ou combinados com outros meios, como músicas, sons, estimulação tátil e aromas.

São ambientes que proporcionam um espaço atrativo, acolhedor, seguro, motivando o autocontrole, despertando a autonomia e estimulando a descoberta e a exploração, com efeitos psicomotores terapêuticos e psicopedagógicos positivos.

Síntese

Neste capítulo, reforçamos o papel dos jogos e brincadeiras nas práticas educativas eficientes, definidos como atividades que auxiliam a criança no estabelecimento da relação entre o pensamento, a ação e a emoção de forma lúdica, tranquila e instigante. Tratamos da importância do brincar na perspectiva da psicomotricidade relacional, uma vez que contribui para o processo de ensino e aprendizagem, também em classes inclusivas. Finalizamos nossa abordagem com sugestões de brincadeiras que podem contribuir para o sucesso do professor em sala de aula.

Atividades de autoavaliação

1. O ato de brincar proporciona à criança a oportunidade de se desenvolver de modo a apresentar menos dificuldades na idade adulta. Brincando, a criança é mais feliz e interioriza o mundo adulto. Em que isso pode ajudá-la?
    a) Pensar e desenvolver sua capacidade criadora.
    b) Despertar sua alegria no experimentar, no descobrir.
    c) Estabelecer vínculos de amizade e consciência de vida em sociedade.
    d) Todas as afirmativas anteriores estão corretas.

2. Claparéde (1940, p. 26) afirma que "a criança é um ser feito para brincar, e [...] o jogo é um mecanismo que a natureza encontrou para envolver a criança em uma atividade útil ao seu desenvolvimento físico e mental". Com base nessa ideia, podemos afirmar:
   a) A educação infantil não deve ter função pedagógica.
   b) As classes inclusivas devem priorizar somente as brincadeiras.
   c) As atividades lúdicas contribuem para o aprendizado das crianças.
   d) Nenhuma alternativa anterior está totalmente correta.

3. As atividades lúdicas na escola inclusiva permitem aos alunos desenvolver habilidades que poderão usar durante toda sua vida. Quais são essas habilidades?
   a) Pensar.
   b) Cooperar.
   c) Aceitar limites.
   d) Todas as alternativas anteriores estão corretas.

4. São versinhos com temática infantil recitados em brincadeiras de crianças e também usadas por adultos para embalar, entreter e distrair os pequenos. Apresentam rima fácil e, por isso, são populares entre as crianças. São criações anônimas que fazem parte do folclore brasileiro e passam de geração para geração, transmitindo a cultura oral popular. Essa definição se refere a:
   a) histórias.
   b) poesias.
   c) parlendas.
   d) jogos infantis.

5. Quais são os benefícios associados ao uso de salas multissensoriais?
   a) Estimular os sentidos primários.
   b) Oferecer estímulos sensoriais controlados.
   c) Despertar a autonomia e estimular a descoberta e a exploração.
   d) Todas as alternativas anteriores estão corretas.

Atividades de aprendizagem

Questões para reflexão

1. Faça uma leitura crítica do artigo científico "Corpo e jogo na escola: algumas reflexões", de Marcus Vinícius Simões de Campos e Wagner Wey Moreira, que destaca o jogo como um elemento antropológico presente em toda a história da humanidade.

   CAMPOS, M. V. S. de; MOREIRA, W. W. Corpo e jogo na escola: algumas reflexões. **Revista Triângulo**, v. 9, n. 1, p. 327-337, jul./dez. 2016. Disponível em: <http://seer.uftm.edu.br/revistaeletronica/index.php/revistatriangulo/article/view/1875/1869>. Acesso em: 16 set. 2018.

2. Assista ao vídeo *Jogos populares* e faça uma reflexão sobre a atividade proposta, considerando as seguintes características: origem, desenvolvimento e conceitos psicomotores.

   JOGOS sensoriais. 2 jun. 2015. Disponível em: <https://www.youtube.com/watch?v=2gZaUl1hlLQ>. Acesso em: 16 set. 2018.

Atividade aplicada: prática

1. Pesquise duas brincadeiras infantis, diferentes daquelas apresentadas neste capítulo, que possam ser realizadas na educação infantil e/ou em classes inclusivas, considerando-se os princípios da psicomotricidade relacional. As atividades devem contemplar a percepção espacial, o equilíbrio e a motricidade ampla.

Considerações finais

Ao finalizarmos esta obra, destacamos a necessidade de ampliar os espaços de discussão sobre os temas abordados, de modo a possibilitar que sejam debatidos, socializados e internalizados por todos os profissionais da educação, permitindo o alcance de progressos sistemáticos nas práticas pedagógicas.

A escrita de um livro requer concentração, muita leitura anterior, conhecimento sobre o assunto e determinação, mas, ao mesmo tempo, lucidez de ideias e posicionamentos. Não cabe ao autor avaliar seu trabalho, e sim abrir-se para a crítica que deve ser feita pelo leitor. Esta obra foi escrita com a consciência desse desafio, mas também com a certeza de que os temas discutidos sempre estiveram presentes no caminho de uma educação libertadora e universal, devendo integrar a formação inicial e continuada de todos os profissionais da educação. Os cursos de licenciatura precisam agregar em seus currículos conteúdos que possam contribuir verdadeiramente para formar profissionais melhores naquilo que se propuseram a fazer – sobretudo os que se dedicam à educação infantil ou mesmo aos anos iniciais do ensino fundamental (escolas regulares inclusivas ou não).

Esta obra apresentou como eixo norteador a teoria da psicomotricidade relacional, iniciando com um breve histórico da psicomotricidade, de forma a reunir elementos que pudessem despertar no leitor a vontade de conhecer mais sobre o assunto.

Esperamos ter atingido esse objetivo, ainda que se trate apenas de um pontapé inicial.

Com a revisão teórica aqui apresentada, ainda que de forma breve e sucinta, buscamos indicar os teóricos clássicos e contemporâneos dedicados ao estudo da psicomotricidade, transportando esses conhecimentos para a realidade que vivenciamos neste século. Para melhor compreensão dos temas examinados, optamos pela divisão em capítulos e subcapítulos, porém em uma abordagem feita de forma complementar.

Considerando-se o propósito desta obra, destinada especialmente aos acadêmicos e aos profissionais da área da educação especial, cada tema foi pensado para que se tornasse instigante e possibilitasse a busca por seu aprofundamento, contribuindo para a construção de uma prática reflexiva por parte desse público leitor.

Em futuros estudos, seria relevante dar continuidade às pesquisas sobre a escola e as necessidades educacionais especiais, a fim de entender melhor a realidade atual das escolas brasileiras, de forma a trazer um novo olhar sobre a problemática aqui estudada. Também seria importante identificar novos jogos e brincadeiras adaptados às diversas situações que se apresentam nas diferentes escolas e regiões brasileiras. Sem esse olhar, jamais haverá uma escola de que possamos nos orgulhar. Foi com essa escola em mente que esta obra foi escrita.

Referências

ABBAGNANO, N. **Dicionário de filosofia**. 2. ed. São Paulo: M. Fontes, 1998.

ABDA – Associação Brasileira do Décifit de Atenção. **O que é TDAH**. Disponível em: <https://tdah.org.br/sobre-tdah/o-que-e-tdah/>. Acesso em: 28 set. 2018.

ABP – Associação Brasileira de Psicomotricidade. **Histórico da psicomotricidade**. Disponível em: <https://psicomotricidade.com.br/historico-da-psicomotricidade/>. Acesso em: 25 set. 2018a.

_____. **Quem é o psicomotricista**. Disponível em: <https://psicomotricidade.com.br/sobre/quem-e-o-psicomotricista/>. Acesso em: 25 set. 2018b.

ABPR – Associação Brasileira de Psicomotricidade Relacional. Disponível em: <https://www.psicomotricidaderelacional.org/psicomotricidade>. Acesso em: 25 set. 2018.

AFONSO, A. M. T. da S. **O ensino e a paralisia cerebral**. 105 f. Dissertação (Mestrado em Educação Especial) – Escola Superior de Educação Almeida Garrett, Lisboa, 2012.

ALMEIDA, R. Caraterização do perfil psicomotor em crianças com dificuldades de aprendizagem. **Diretor Editorial**, v. 4, p. 48-54, 2014.

ARGOLLO, N. Transtornos do déficit de atenção com hiperatividade: aspectos neurológicos. **Psicologia Escolar e Educacional**, v. 7, n. 2, p. 197-201, 2003.

AUCOUTURIER, B. Introducción a la Práctica Psicomotriz Aucouturier (PPA). **Aula de Innovación Educativa**, n. 136, p. 79-84, 2004.

BRASIL. Câmara dos Deputados. Projeto de Lei PL 795/2003. Dispõe sobre a regulamentação da atividade profissional de Psicomotricista e autoriza a criação dos Conselhos Federal e Regionais de Psicomotricidade. Disponível em: <http://www.camara.gov.br/proposicoesWeb/fichadetramitacao?idProposicao=112112>. Acesso em: 26 set. 2018.

BRASIL. Constituição (1988). **Diário Oficial da União**, Brasília, DF, 5 out. 1988.

BRASIL. Lei n. 9.394, de 20 de dezembro de 1996. **Diário Oficial da União**, Poder Legislativo, Brasília, DF, 23 dez. 1996. Disponível em: <https://www2.senado.leg.br/bdsf/bitstream/handle/id/70320/65.pdf>. Acesso em: 2 out. 2018.

BARRETO, S. de J. **Psicomotricidade, educação e reeducação**. 2. ed. Blumenau: Livraria Acadêmica, 2000.

BATISTA, M. I. B.; VIEIRA, J. L. **Textos e contextos em psicomotricidade relacional**. Fortaleza: RDS, 2013. v. 1.

BORGES, S. P. **Psicomotricidade e saúde mental infantil no Centro Doutor João dos Santos, Casa da Praia**. Dissertação (Mestrado em Reabilitação Psicomotora) – Universidade de Lisboa, Lisboa, 2015.

CLAPARÉDE, E. **A educação funcional**. Tradução de J. B. Damasco Penna. 2. ed. São Paulo: Companhia Editora Nacional, 1940.

COELHO, A. P. M. A. **Perfil psicomotor em crianças com e sem autismo**: um estudo comparativo. Dissertação (Mestrado em Supervisão Pedagógica) – Universidade da Beira Interior, Covilhã, 2011.

CORNELSEN, S. **Uma criança autista e sua trajetória na inclusão escolar por meio da psicomotricidade relacional**. 200 f. Dissertação (Mestrado em Educação) – Universidade Federal do Paraná, Curitiba, 2007.

COSTA, A. C. **Psicopedagogia e psicomotricidade**: pontos de intersecção nas dificuldades de aprendizagem. Petrópolis: Vozes, 2012.

DINIZ, L. G. **Por uma impossível fenomenologia dos afetos**: imaginação e presença na experiência literária. 333 f. Tese (Doutorado em Literatura) – Universidade de Brasília, Brasília, 2017.

FERRONATTO, S. R. B. **Psicomotricidade e formação de professores**: uma proposta de atuação. 146 f. Dissertação (Mestrado em Educação) – Pontifícia Universidade Católica de Campinas, Campinas, 2006.

FONSECA, V. da. **Da filogênese à ontogênese da motricidade**. Porto Alegre: Artes Médicas, 1988.

FONTANA, C. M. **A importância da psicomotricidade na educação infantil**. Monografia (Especialização em Educação) – Universidade Tecnológica Federal do Paraná, Medianeira, 2012.

FRUG, C. S. **Educação motora em portadores de deficiência**. São Paulo: Plexus, 2001.

GARCÍA NÚÑEZ, J. A.; BERRUEZO, P. P. **Psicomotricidad y educación infantil**. Ciencias de la Educación Preescolar y Especial, 2015.

GUERRA, A. E. L. A Clínica de psicomotricidade relacional. **Revista Iberoamericana de Psicomotricidad y Técnicas Corporales**, Buenos Aires, n. 31, p. 127-132, 2008.

HEYLEN, J. **Parlenda, riqueza folclórica**: base para a educação e iniciação à música. São Paulo: Hucitec/Minc, 1987.

HIPERCINESIA. In: **Dicionário Infopédia**. Porto: Porto, 2003-2018. Disponível em: <https://www.infopedia.pt/dicionarios/termos-medicos/hipercinesia>. Acesso em: 15 set. 2018.

IPEIP – Instituto Português de Educação e Investigação Pedagógica. **Snoezelen**. Disponível em: <http://www.ipeip-asdescobertas.pt/?page_id=77>. Acesso em: 15 set. 2018.

ISPE-GAE – Instituto Superior de Psicomotricidade e Educação e Grupo de Atividades Especializadas. **História no Brasil**. Disponível em: <http://www.ispegae-oipr.com.br/p/historia-no-brasil.html>. Acesso em: 25 set. 2018.

JACQUIN, G. **A educação pelo jogo**. São Paulo: Flamboyant, 1963.

KISHIMOTO, T. M. (Org.). **Jogo, brinquedo, brincadeira e a educação**. São Paulo: Cortez, 2017.

LAPA, P. C. R. **Contributo da psicomotricidade no desenvolvimento global de um indivíduo com dificuldades de aprendizagem**: estudo de caso. 100 f. Monografia (Licenciatura em Desporto e Educação Física) – Universidade do Porto, Porto, 2006.

LAPIERRE, A. **A educação psicomotora na escola maternal**: uma experiência com os "pequeninos". Barueri: Manole, 1989.

LAPIERRE, A.; AUCOUTURIER, B. **A simbologia do movimento**. Curitiba: Filosofart, 2004.

_____. **Fantasmas corporais e prática psicomotora**. Barueri: Manole, 1984.

LAPIERRE, A.; LAPIERRE, A. **O adulto diante da criança de 0 a 3 anos**: psicomotricidade relacional e formação da personalidade. Tradução de Maria Ermantina G. G. Pereira. 2. ed. Curitiba: Ed. da UFPR, 2002.

LE BOULCH, J. **Curso de psicomotricidade**. Tradução de Neila Soares de Faria e Neuza Gonçalves Travaglia. Uberlândia: Universidade Federal de Uberlândia, 1983.

_____. **Educação psicomotora**. 2. ed. Tradução de Jeni Wolff. Porto Alegre: Artes Médicas, 1998.

_____. **Lo sviluppo psicomotorio dalla nascita a 6 anni**. Roma: Armando, 1981.

LEITE, T. de A. **A segmentação da língua de sinais brasileira (Libras): Um estudo linguístico descritivo a partir da conversação espontânea entre surdos**. 280 f. Tese (Doutorado em Letras) – Universidade de São Paulo, 2008.

LEITE, C. R. **Percepções de alunos adolescentes do ensino médio sobre os estilos de liderança de professores**. 220 f. Tese (Doutorado em Educação) – Universidade Federal do Paraná, Curitiba, 2016.

LEVIN, E. **A clínica psicomotora**: o corpo na linguagem. Petrópolis: Vozes, 2003.

LORENZINI, M. V. **Uma escala para detectar a disgrafia baseada na Escala de Ajuriaguerra**. 145 f. Dissertação (Mestrado em Educação Especial) – Universidade Federal de São Carlos, São Carlos, 1993.

MANTOAN, M. T. E. **Inclusão escolar**: O que é? Por quê? Como fazer? São Paulo: Summus, 2015.

MARQUES, D. de A. **O jogo no desenvolvimento da criança disléxica**. 147 f. Dissertação (Mestrado em Ciências da Educação) – Escola Superior de Educação João de Deus, Lisboa, 2014.

MEDINA, V. **A psicomotricidade infantil**. Disponível em: <https://br.guiainfantil.com/psicomotricidade/187-a-psicomotricidade-infantil.html>. Acesso em: 25 set. 2018.

MEUR, A. de; STAES, L. **Psicomotricidade**: educação e reeducação. Barueri: Manole, 1991.

MOLINARI, A. M da P.; SENS, S. M. A educação física e sua relação com a psicomotricidade. **Revista PEC**, Curitiba, v. 3, n. 1, p. 85-93, 2002-2003.

MORAES, A. de S. **Análise estrutural e funcional da brincadeira de crianças em idade pré-escolar**. Dissertação (Mestrado em Psicologia) – Universidade Federal de Santa Catarina, Florianópolis, 2001.

MRECH, L. O que é educação inclusiva? **Revista Integração**, Brasília, v. 8, n. 20, p. 37-39, 1998.

NEGRINE, A. **Aprendizagem e desenvolvimento infantil**. Porto Alegre: Prodil, 1995.

NUNES, P. **Psicologia positiva**. 2007. Disponível em: <http://www.psicologia.pt/artigos/textos/TL0115.pdf>. Acesso em: 15 set. 2018.

OLIVEIRA, G. de C. **Psicomotricidade**: educação e reeducação num enfoque psicopedagógico. 5. ed. Petrópolis: Vozes, 2001.

OLIVEIRA, M. de O. **O papel das interações sociais em escolares na elaboração de estratégias do jogo Quoridor**. 139 f. Dissertação (Mestrado em Educação) – Universidade Estadual de Campinas, 2012.

ORTIZ, F. R. A psicomotricidade no estágio sensório-motor: um olhar para o desenvolvimento infantil. **Revista de Educação**, v. 14, n. 18, p. 127-138, 2011.

PASQUALI, L. **Psicometria**: teoria dos testes na psicologia e na educação. Petrópolis: Vozes, 2017.

PEREIRA, R. de C. **Transtorno psicomotor e aprendizagem**. Rio de Janeiro: Thieme Revinter Publicações, 2018.

PERRENOUD, P. Envolver os alunos em suas aprendizagens e no trabalho. In: ____. **Dez novas competências para ensinar**. Porto Alegre: Artmed, 2000. p. 38-63.

PHILIPPE, M. D. **Introdução à filosofia de Aristóteles**. Tradução de Gabriel Hibon e Benôni Lemos. São Paulo: Paulus, 2002.

PIAGET, J. **A equilibração das estruturas cognitivas**: problema central do desenvolvimento. Rio de Janeiro: Zahar, 1976.

PIMENTA, S. G; FRANCO, M. A. S. (Org.). **Pesquisa em educação**: possibilidades investigativas/formativas da pesquisa-ação. São Paulo: Loyola, 2008. v. 2.

REGO, T. C. **Vygotsky**: uma perspectiva histórico-cultural da educação. Petrópolis: Vozes, 2013.

SANTOS, E. C. dos. **Formação de professores no contexto das propostas pedagógicas de Rudolf Steiner (pedagogia Waldorf), Maria Montessori e da experiência da Escola da Ponte**. 252 f. Tese (Doutorado em Educação Matemática) – Universidade Estadual Paulista, Rio Claro, 2015.

SASSAKI, R. Entrevista. **Revista Integração**, Brasília, v. 8, n. 20, p. 9-17, 1998.

SAMULSKI, D. **Psicologia do esporte**: conceitos e novas perspectivas. Barueri: Manole, 2009.

SCHIRMER, C. R.; FONTOURA, D. R.; NUNES, M. L. Distúrbios da aquisição da linguagem e da aprendizagem. **Jornal de Pediatria**, v. 80, n. 2, p. 95-103, 2004.

SEI – CENTRO DE DESENVOLVIMENTO E APRENDIZAGEM. **Terapia psicomotora**. Disponível em: <https://www.centrosei.pt/especialidades/terapia-psicomotora/>. Acesso em: 26 set. 2018.

SILVA, A. V. M. G. de A. e. **Síndrome de Rett e a actividade física**: estudo de caso. Proposta de intervenção no âmbito sensório-motor. 100 f. Monografia (Licenciatura em Desporto e Educação Física). Universidade do Porto, 2009.

SILVA, D. A. **A importância da psicomotricidade na educação infantil**. Trabalho de Conclusão de Curso (Licenciatura em Educação Física) – Centro Universitário de Brasília, Brasília, 2013.

SILVA, N. R. F. da. **Relatório de estágio profissionalizante em psicomotricidade na Fundação "O Século"**. Universidade de Lisboa, Lisboa, 2014.

SOUSA, K. P. de. A. A intervenção terapêutica da análise do comportamento no TOC. **Revista Espaço Acadêmico**, v. 17, n. 197, p. 132-142, out. 2017. Disponível em: <http://www.periodicos.uem.br/ojs/index.php/EspacoAcademico/article/viewFile/33450/20804>. Acesso em: 11 out. 2018.

UNESCO – United Nation Educational, Scientific and Cultural Organization. **Declaração de Salamanca**: sobre princípios, políticas e práticas na área das necessidades educativas especiais. Salamanca, 1994.

VEDANA, K. G. G. **Convivendo com uma ajuda que atrapalha**: o significado da terapêutica medicamentosa para a pessoa com esquizofrenia. 159 f. Tese (Doutorado em Ciências) – Universidade de São Paulo, Ribeirão Preto, 2011.

VIEIRA, J. L.; BATISTA, M. I. B.; LAPIERRE, A. **Psicomotricidade relacional**: a teoria de uma prática. Curitiba: Filosofart, 2005.

VIEIRA, M. E. B.; LINHARES, M. B. M. Desenvolvimento e qualidade de vida em crianças nascidas pré-termo em idades pré-escolar e escolar. **Jornal de Pediatria**, Porto Alegre, v. 87, n. 4, p. 281-291, 2011. Disponível em: <http://dx.doi.org/10.2223/JPED.2096>. Acesso em: 15 set. 2018.

VYGOTSKY, L. S. **Pensamento e linguagem**. São Paulo: M. Fontes, 1989.

WALLON, H. A psicologia genética. In: _____. **Psicologia e educação da infância**. São Paulo: Estampa, 1975. p. 53-72.

_____. **Do ato ao pensamento**: ensaio de psicologia comparada. Tradução de J. Seabra Dinis. Lisboa: Moraes, 1979.

_____. **El juego en la evolución psicológica del niño**. Buenos Aires: Psique, 1942.

ZILLI, C. M. **Manual de cinesioterapia/ginástica laboral**: uma tarefa interdisciplinar com ação multiprofissional. São Paulo: Lovise, 2002.

ZOBOLI, E. L. C. P. Bioética e atenção básica: para uma clínica ampliada, uma bioética clínica amplificada. **O Mundo da Saúde**, São Paulo, v. 33, n. 2, p. 195-204, 2009.

ZUCOLOTO, K. A et al. **A compreensão da leitura em crianças com dificuldade de aprendizagem na escrita**. Dissertação (Mestrado em Educação). Universidade Estadual de Campinas, 2001.

Bibliografia comentada

GARCÍA NÚÑEZ, J. A.; BERRUEZO, P. P. **Psicomotricidad y educación infantil**. Madrid: Ciencias de la Educación Preescolar y Especial, 2015.

Nessa obra, García Núñez e Berruezo demonstram a importância da psicomotricidade na educação infantil. Primeiramente, os autores destacam alguns aspectos do desenvolvimento infantil para esclarecer o papel da psicomotricidade nesse cenário. Em seguida, eles fornecem propostas de atividades psicomotoras para diversos níveis educacionais, a fim de auxiliar professores no desenvolvimento de um trabalho psicomotor em suas aulas.

MANTOAN, M. T. E. **Inclusão escolar**: O que é? Por quê? Como fazer? São Paulo: Summus, 2015.

Maria Teresa Eglér Mantoan, ícone da inclusão escolar no Brasil, aborda a inclusão de pessoas com deficiência no âmbito da educação. Propõe uma reflexão sobre a escola inclusiva com base em um novo modelo, desapegando da perspectiva conteudista, elitista e baseada na transmissão do conhecimento em favor de uma pedagogia ativa, dialógica, interativa e integradora. Ou seja, propõe o estabelecimento de um processo que valorize as diferenças e supere o modelo pouco estimulante de ensino. A psicomotricidade relacional está inserida nesse contexto.

KISHIMOTO, T. M. (Org.). **Jogo, brinquedo, brincadeira e a educação.** São Paulo: Cortez, 2017.

Tizuko M. Kishimoto apresenta uma coletânea de artigos que tratam do brincar relacionado à criança e à educação ao longo da história da humanidade. Sua experiência como professora do Departamento de Metodologia e Educação Comparada da Faculdade de Educação da Universidade de São Paulo (USP) e coordenadora do Laboratório de Brinquedos e Materiais Pedagógicos da mesma instituição lhe permitiu reunir textos fundamentados em uma reflexão teórica aprofundada.

Respostas

Capítulo 1

1. a
2. b
3. c
4. a
5. a

Capítulo 2

1. d
2. b
3. d
4. b
5. a

Capítulo 3

1. a
2. d
3. b
4. c
5. a

Capítulo 4

1. c
2. a
3. d
4. b
5. b

Capítulo 5

1. c
2. a
3. c
4. d
5. c

Capítulo 6

1. d
2. c
3. d
4. c
5. d

Sobre o autor

Célio Rodrigues Leite é doutor em Educação pela Universidade Federal do Paraná (UFPR), mestre em Ciências da Educação pela Universidade Federal de São Carlos (UFSCar), graduado em Pedagogia pela UFPR e em Ciências Naturais pela Faculdade de Jandaia do Sul (Fafijan). Realizou estágio de doutorado no Instituto de Educação da Universidade do Minho, em Portugal (UMinho). Atua como docente da educação básica ligado à Secretaria de Estado da Educação do Paraná (Seed-PR). É membro do Grupos de Pesquisa Cognição, Aprendizagem e Desenvolvimento Humano (UFPR), do Grupo Internacional de Pesquisas em Políticas, Práticas e Gestão da Educação da Universidade de Pernambuco (GIPPPGE-UPE) e da Associação Nacional de Pós-Graduação e Pesquisa em Educação (Anped).

Impressão:
Dezembro/2018